2022 한국성결교회
대림절 묵상

★

The
Advent
Meditation

새로운 시작, 예수 그리스도의 오심

KB213737

한국성결교회연합회

초대의 글

"새로운 시작, 예수 그리스도의 오심"

"새로운 시작, 예수 그리스도의 오심"은 대림절, 28일간의 여정을 담고 있습니다. 대림절은 영어로는 'Advent'이고 라틴어로는 '도착' 또는 '오다'라는 의미인 'Adventus'입니다. 이 기간에는 예수 그리스도의 '오심'을 기뻐하며 다시 '오심'을 기대하는 것에 그 의미가 있습니다.

첫 번째 '오심'은 2000년 전에 구원의 주로 오셔서 우리와 지금도 함께하시는 예수 그리스도에 대한 신앙이며, 두 번째 '오심'은 아직 오시지 않았지만, 반드시 다시 오실 예수 그리스도를 기다리는 재림의 신앙입니다. 그러기에 예수 그리스도의 '오심'은 온 교회와 성도가 함께 기뻐하고 즐거워해야 합니다. 또한 예수 그리스도의 '오심'을 묵상하는 28일의 대림절 기간, 하루하루를 더욱 의미 있는 삶으로 채워야 합니다.

그러므로 성결한 그리스도인은 첫 번째 '오심'의 묵상을 통해서는 기뻐하고 평화를 이루어야 합니다. '지극히 높으신 곳에서는 하나님께 영광이요 땅에서는 하나님이 기뻐하신 사람들 중에 평화로다(눅 2:14)'라는 말씀과 같이 예수님의 '오심'에 대한 사건은 지극히 높으신 곳에서는 영광이고 땅에서는 평화입니다. 먼저 '나'를 구원하신 첫 번째 '오심'을 묵상하고 자신에게 '평화'를 선포하여 잘못된 생각, 괴로움과 두려움에서 벗어나 평화를 이루고, 그것이 가정과 교회, 그리고 세상 가운데 퍼지도록 해야 합니다.

두 번째 '오심'의 묵상을 통해서는 다시 오실 예수 그리스도를 전해야 합니다. 우리는 때를 얻든지 못 얻든지 오롯이 '말씀 전파'에 힘을 쏟아야 합니다(딤후 4:1,2). '오심'을 묵상하는 것으로 끝나는 것이 아니라, 구원의 복음과 재림의 복음을 전하여 예수 그리스도의 이름으로 온 세상이 치유되고 회복하는 시간을 가져야 합니다.

2022년 한국성결교회연합회에서 공동으로 집필한 대림절 묵상집 "새로운 시작, 예수 그리스도의 오심"은 성결의 정체성을 가진 세 개의 형제 교단이 하나로 연합하여 다시 오실 예수님 앞에서 공동체가 새로워지길 기대하며 준비한 묵상집입니다. 개인의 기쁨과 평화뿐만 아니라, 교회의 새로운 부흥과 변화의 출발점이 될 대림절 묵상의 시간 속으로 여러분을 초대합니다.

2022년 가을
대림절을 묵상하며
예수교대한성결교회 총회장 신현파 목사

소망, 다시 오실 예수 그리스도를 기다림

할렐루야! 한국성결교회에 속한 모든 교회와 성도님들의 가정위에 성탄의 소망과 기쁨이 함께 하시기를 축원합니다. 다사다난 했던 한 해가 저물어가고 있습니다. 코로나 펜데믹은 전 세계적인 삶의 패러다임을 변화시켰습니다. 정치와 경제, 문화, 교육 등 많은 부분에서 펜데믹 이전과 이후로 나뉘었습니다. 그 중에서도 개신교는 많은 어려움과 혼란을 겪었으며, 확연한 변화를 보였습니다. 하지만 이제는 다시 모이기 시작하였고, 예배에 대한 열정이 불타오르기 시작했습니다. 더욱이 "다시 오실 예수 그리스도를 기다리는" 대림절 기간을 맞이하여 한국성결교회 모두가 한 마음으로 묵상하고 기도하는 것은 참 뭉클하고 뜨거운 감동을 선사해 줍니다.

무엇보다 대림절 기간 동안 재림의 주님을 소망하는 성도 여러분 되시기를 바랍니다. 소망은 성경에서 매우 중요한 주제입니다. 소망이란 미래에 될 것을 기대하는 것입니다. 로마서 8장 24절에 보면 "우리가 소망으로 구원을 얻었으매 보이는 소망이 소망이 아니니 보는 것을 누가 바라리요"라고 했습니다. 소망은 곧 예수 그리스도입니다. 그분 때문에 우리는 구원을 얻습니다. 그 소망은 보이는 소망이 아닙니다.

또한 소망은 믿음과 사랑과 함께 영원히 존속됩니다. "그런즉 믿음, 소망, 사랑, 이 세 가지는 항상 있을 것인데 그 중의 제일은 사랑이라"(고전 13:13) 소망은 예수님이 다시 오실 것이라는 믿음입니다. 예수님이 재림의 주로 다시 오실 때에 부활에 동참합니다. 이것을 위해 성도는 하나님을 사랑하고 이웃을 전심으로 사랑해야 합니다.

그리고 소망은 성경을 통해 가질 수 있습니다. "무엇이든지 전에 기록된 바는 우리의 교훈을 위하여 기록된 것이니 우리로 하여금 인내로 또는 성경의 위로로 소망을 가지게 함이니라"(롬 15:4) 대림절 기간 동안 성도는 성경을 묵상해야 합니다. 성경을 통해 위로를 받으면 소망을 가지게 됩니다. 마지막으로 성도에게 소망은 안전하고 확실한 줄입니다. 그래서 우리의 영혼을 확실하게 붙들어 하늘의 성소에 들어가신 그리스도에게 묶이게 합니다. 이처럼 소망은 대림절 기간 동안 우리가 품어야 할 가장 중요한 주제가 됩니다.

먼저, 하나님만이 우리의 참 소망이심을 고백해야 합니다. 타락한 인간의 본성은 재물, 권력, 건강, 능력, 사람을 소망으로 삼으려는 경향이 있습니다. 하지만 대림절을 보내는 성결교회의 모든 성도는 잠잠히 하나님만 바라라는 다윗의 고백과 권면을 기억함으로써 하나님만을 소망으로 삼아야 합니다. "나의 영혼이 잠잠히 하나님만 바람이여 나의 구원이 그에게서 나오는도다"(시 61:1)

다음으로 성도는 부활의 소망이신 예수님을 바라보아야 합니다. 부활의 소망은 죽음에서 승리할 수 있도록 이끕니다. 성도는 예수님께서 재림하실 때, 죽은 자들이 부활할 것을 굳게 믿고 소망함으로 살아가야 합니다. "그 후에 우리 살아 남은 자들도 그들과 함께 구름 속으로 끌어 올려 공중에서 주를 영접하게 하시리니 그리하여 우리가 항상 주와 함께 있으리라"(살 4:17)

마지막으로 소망은 모든 시련을 극복할 수 있도록 합니다. 예수 그리스도를 죽은 자 가운데서 부활하게 하심으로 말미암아 믿는 자들을 거듭나게 하사 산 소망이 있게 하신 하나님을 바라보면서 시련을 극복해야 합니다. 지금도 세상에는 크고 작은 어려움이 있습니다. 성도는 낙심하지 말고 산 소망을 품고 살아가야 합니다. 베드로는 격렬한 박해 속에서 고통을 겪고 있던 성도들의 믿음이 흔들리고 배교의 위험에 처하자 산 소망을 알리고 가르쳤습니다.

대림절 기간 동안 한국성결교회에 속한 모든 교회와 성도들은 참소망이 무엇인지 깨닫고 알아야 합니다. 이 땅의 어려운 현실에서 믿음을 지킬 수 있는 길은 세상적인 편안함과 부요함이 아니라 하나님을 끝까지 바라보는 소망뿐임을 알아야 합니다.

2022년 12월 25일 성탄절은 아기 예수님의 오심을 축하하고, 온 세상에 복된 소식을 전하는 날입니다. 구유에 나신 아기 예수님은 현재를 사는 우리에게 다시 오실 그리스도입니다. 온 백성을 구원해 주실 구원자 이십니다. 대림절 기간 동안 한 마음으로 한국성결교회는 예수님의 탄생을 경배하며 다시 오실 재림의 주님으로 고백하는 시간을 가져야 합니다. 할렐루야!

기독교대한성결교회 총회장 김주헌 목사

한 아이가 오신 밤

어둠이 깊어
아무것도 보이지 않습니다
아니 눈을 감고
세상을 어둡다 합니다

흑암 속에
오신 한 아이는 어디로부터 왔을까?

흑암이 깊어 잠든 밤
두 눈을 감고 잠든 밤
소리에 지쳐 잠든 밤

잠든 밤에
오신 한 아이는 누구일까?

고향에 왔어도
타인인 사람

마구간에서 첫눈을 뜨고
마구간에서 첫소리를 듣고
마구간에서 첫 모유를 먹은
한 아이는 왜 오신 걸까?

어둠이 깊어 잠들어가는 2022년
대림절 묵상집을 통해
아기 예수를 깊이 영접하는 시간들이 되기를 소망합니다

대한기독교나사렛성결회 총회감독 윤문기 목사

대림절, 성탄절,
그리고 주현절과 재림 이해

4세기 무렵 동방교회를 중심으로 부활절과 오순절 다음으로 중요한 절기는 주현절이었습니다. 주현절은 1월 6일을 기점으로 사순절 전까지 4-9주간을 가리킵니다. 이 기간은 예수 그리스도의 탄생, 세례, 그리고 가나 혼인잔치의 첫 이적 사건과 깊은 연관이 있는데, 이 모든 사건은 하나님의 현현을 가르쳐 줍니다. 그러나 서방교회에서는 '의로운 태양'(말 4:2)이신 예수님께서 빛처럼 어두운 세상을 뚫고 들어오신 것을 더 강조하게 되었습니다. 그 결과 4세기 전반에 로마에서는 주현절로부터 예수 그리스도의 탄생을 기념하는 성탄절이 분화됩니다. 성탄절은 12월 25일 하루만 지키는 절기가 아니라 1월 6일(주현절) 전까지 12일간의 절기입니다. 그리고 8세기에 서방교회에서 성 안드레 기념일인 11월 30일이나 이 날에 가장 가까운 주일에서 시작하는 4주간의 대림절이 확정됐지만, 이미 주후 380년 스페인 사라고사(Saragosa)에서 열린 공의회는 "12월 17일부터 1월 6일 주현절까지 모두 교회에 가야 한다."고 선언하였습니다. 이 지역에서는 주현절에 세례가 행해졌고, 세례를 준비하는 기간으로 시작되었기 때문입니다. 오늘날에도 동방교회에서 주현절은 세례를 위한 절기입니다. 또한 4세기부터 7세기 사이에 서방교회를 중심으로 나타난 특징으로, 이미 오신 그리스도와 다시 오실 주님을 영접하기 위하여 자신을 준비하는 종말론적인 의미로 대림절을 이해하게 되었다는 것입니다.

오늘날 교회력의 두 중심축은 부활절을 중심으로 하는 부활절기(사순절–부활절–오순절)와 성탄절을 중심으로 하는 성찬절기(대림절–성탄절–주현절)로 이루어지게 되었습니다. 고린도전서 16장 22절 말씀과 초대 교회의 권위 있는 문서 중 하나인 『디다케』(Di-dache)에서 소개하고 있는 '마라나타'(Maranatha)는 두 가지로 해석됩니다. 하나는 '주께서 오셨다'이고 다른 하나는 '주여, 오시옵소서'입니다. 거룩한 빛의 절기인 성탄절기에 무엇보다 중요한 것은 이미 오셔서 우리 가운데 현재적으로 임재하고 계신 예수 그리스도에 대한 믿음과, 아직 오시지 않았지만, 분명히 다시 오실 주님을 기다리는 신앙입니다. 이것을 성결교회는 재림의 신앙이라 합니다. 재림의 신학적 조명 아래에서 불의한 세상 가운데 공의롭게 살아가며 다시 오실 예수 그리스도에 대한 소망은 꽃으로 피어납니다.

2022년 대림절 묵상집 "새로운 시작, 예수 그리스도의 오심"은 한국성결교회연합회에서 공동으로 집필하여 주셨습니다. 이 대림절 묵상집을 통해 예수 그리스도의 탄생과 기쁨을 온전히 누리시기를 기도합니다. 집필에 참여해 주신 분들께 감사를 드립니다.

초대의 글
신현파 목사(한국성결교회연합회 대표회장, 예수교대한성결교회 총회장,
　　　　　압해중앙교회 담임)

성탄메시지
김주헌 목사(기독교대한성결교회 총회장, 북교동교회 담임)

축시
윤문기 목사(대한기독교나사렛성결회 총회감독, 안중나사렛교회 담임)

대림절 1일~9일
서계원 목사(예수교대한성결교회 창동교회 담임)

대림절 10~18일
곽일귀 목사(대한기독교나사렛성결회 안디옥교회 담임)

대림절 19~28일
윤학희 목사(기독교대한성결교회 천안교회 담임)

감수위원
김상식 교수(성결대학교 총장)

대림절 묵상 이렇게 하세요.
1. 조용한 곳에서 기도와 찬송으로 묵상 시작하기
2. 본문 말씀과 묵상내용을 읽고 묵상하기
3. 매일 기도제목을 읽고 실천하기

차례

대림절 셋째 주간	**15일 12월 11일(주) 시 80:1-7, 17-19**
	16일 12월 12일(월) 롬 1:1-7
	17일 12월 13일(화) 마 1:18-25
	18일 12월 14일(수) 사 9:2-7
	19일 12월 15일(목) 시 96편
	20일 12월 16일(금) 딛 2:11-14
	21일 12월 17일(토) 눅 2:1-14

대림절 넷째 주간	**22일 12월 18일(주) 사 62:6-12**
	23일 12월 19일(월) 시 97편
	24일 12월 20일(화) 딛 3:4-7
	25일 12월 21일(수) 눅 2:8-20
	26일 12월 22일(목) 사 52:7-10
	27일 12월 23일(금) 시 98편
	28일 12월 24일(토) 히 1:5-12

1

대림절
첫째 주간

평화의 빛을 드러내어

┃ 본문: 이사야 2장 1-5절
┃ 찬송: 412장 내 영혼의 그윽히 깊은 데서

예루살렘은 '평화의 도시'라는 의미와는 다르게 분쟁이 끊이지 않았습니다. 로마 시대는 그리스인과 유대인, 중세에는 무슬림과 기독교인, 근대에는 대영제국과 오스만 제국이 서로 싸웠고, 지금도 아랍국가들과 이스라엘이 대치하고 있습니다.

이사야가 받은 유다와 예루살렘에 관한 말씀은 마지막 때에 성전 중심으로 건설될 평화의 나라에 관한 예언입니다. 마지막 때가 되면 온 세계가 성전이 있는 산으로 몰려올 것입니다. 많은 사람이 성전이 있는 산으로 가면서 "오라. 우리가 여호와의 산에 오르며, 하나님의 성전에 이르자. 그가 그의 길을 우리에게 가르치고, 우리가 그 길로 행할 것이다"라고 말할 것입니다. 또한 성전이 있는 예루살렘에서 하나님의 말씀이 나올 것입니다. 예루살렘은 B.C. 586년에 바벨론에 멸망하였지만, 온 인류의 구주가 되시는 예수님께서 구속 사역을 이루시고 세계가 주목하는 곳이 되었습니다. 주님의 의로운 통치는 세상에 전쟁이 사라지고, 평화의 나라를 도래하게 합니다. 그 평화의 나라에서 영적 이스라엘이라고 할 수 있는 오늘날의 그리스도인들은 하나님의 말씀을 드러내어 세상에 참된 빛을 비추어야 하겠습니다.

아담 이후 인류의 역사는 서로를 물고 뜯는 전쟁으로 점철되었습니다. 이러한 전쟁의 고리를 완전히 끊기 위해선 갈등을 유발하는 자에게 예수 그리스도의 십자가 사랑이 빛으로 드러나야 합니다.

이사야 2장 1-5절

아모스의 아들 이사야가 받은 바 유다와 예루살렘에 관한 말씀이라 말일에 여호와의 전의 산이 모든 산 꼭대기에 굳게 설 것이요 모든 작은 산 위에 뛰어나리니 만방이 그리로 모여들 것이라 많은 백성이 가며 이르기를 오라 우리가 여호와의 산에 오르며 야곱의 하나님의 전에 이르자 그가 그의 길을 우리에게 가르치실 것이라 우리가 그 길로 행하리라 하리니 이는 율법이 시온에서부터 나올 것이요 여호와의 말씀이 예루살렘에서부터 나올 것임이니라 그가 열방 사이에 판단하시며 많은 백성을 판결하시리니 무리가 그들의 칼을 쳐서 보습을 만들고 그들의 창을 쳐서 낫을 만들 것이며 이 나라와 저 나라가 다시는 칼을 들고 서로 치지 아니하며 다시는 전쟁을 연습하지 아니하리라 야곱 족속아 오라 우리가 여호와의 빛에 행하자

오늘의 적용   갈등을 유발하는 자를 주님의 마음으로 사랑하기

나의 기도   주여, 주님의 사랑으로 전쟁은 사라지고, 평화가 임하게 하소서.

여호와의 집을 향한 발걸음

┃ 본문: 시편 122편 1-9절
┃ 찬송: 38장 예수 우리 왕이

사람들에게는 저마다 이루고 싶은 욕구가 있습니다. 그 욕구는 우리에게 오르고 싶은 산으로 다가옵니다. 때로는 재물의 산으로, 때로는 명예의 산으로, 때로는 권력의 산으로 우리를 이끌려고 합니다.

하지만 시인은 예루살렘에 올라가는 것을 기뻐하였습니다. 예루살렘은 하나님의 임재의 상징인 법궤가 있는 곳이었고 성전이 세워진 도시였습니다. 예루살렘을 사모하는 것은 곧 하나님을 사모하는 것이고, 예루살렘 안에 발을 들여놓는 것은 하나님의 다스리심 가운데 머물겠다는 의지의 표현입니다. 예루살렘에 들어서자 시인은 감격에 넘쳐서 '예루살렘아!'하며 그 성읍을 부릅니다. 예루살렘은 모든 것이 조화를 이루는 성읍이었습니다. 이스라엘의 모든 지파는 하나님의 은혜에 감사하여 절기를 지키며 하나님의 집을 향해 올라갑니다. 하나님께서는 이곳에 심판의 보좌를 두시고, 하나님께서 세우신 자들로 통치하게 하십니다. 예루살렘의 평안을 구하며, 예루살렘을 사랑하는 자는 형통의 복을 누리게 됩니다. 그것은 바로 대림절을 지나며 주님의 임재를 사모하여 기다리고, 주님을 예배하는 자가 얻을 복이기도 합니다.

결국 여호와의 집을 향한 발걸음이 기쁨으로 와닿을 때 예배자로서의 복을 누리게 합니다. 주님을 위하여 평안을 구할 때 형통함으로 함께하시는 주님의 손길을 느낄 수 있습니다.

시편 122편 1-9절

사람이 내게 말하기를 여호와의 집에 올라가자 할 때에 내가 기뻐하였도다 예루살렘아 우리 발이 네 성문 안에 섰도다 예루살렘아 너는 잘 짜여진 성읍과 같이 건설되었도다 지파들 곧 여호와의 지파들이 여호와의 이름에 감사하려고 이스라엘의 전례대로 그리로 올라가는도다 거기에 심판의 보좌를 두셨으니 곧 다윗의 집의 보좌로다 예루살렘을 위하여 평안을 구하라 예루살렘을 사랑하는 자는 형통하리로다 네 성 안에는 평안이 있고 네 궁중에는 형통함이 있을지어다 내가 내 형제와 친구를 위하여 이제 말하리니 네 가운데에 평안이 있을지어다 여호와 우리 하나님의 집을 위하여 내가 너를 위하여 복을 구하리로다

오늘의 적용　　이번 주간에 한 번 더 예배하며 하나님께 나아가기

나의 기도　　주여, 날마다 예배하는 기쁨으로 평안과 형통의 복을 누리게 하소서.

빛의 갑옷을 입을 때

┃ 본문: 로마서 13장 11-14절
┃ 찬송: 502장 빛의 사자들이여

건강한 청년이 각 잡힌 군복을 입고 군화를 신고 있으면 절도 있는 행동을 통해 무엇이든 할 수 있을 것 같습니다. 그러나 같은 군복이라도 예비군 마크가 붙어 있으면 흐트러진 모습을 보이게 됩니다.

바울은 어둠의 터널을 지나 주님의 재림이 다가올 때 빛의 갑옷을 입도록 권면합니다. 이때는 영적으로 깨어 있어야 합니다. 죄악의 밤이 깊어가는 만큼 그리스도로 새로워지는 새벽이 가까이 오기 마련입니다. 이제 어둠에서 나와서 빛으로 들어가야 합니다. 그리스도인의 삶은 특별히 죄악과 구별되어 순결하고 거룩한 삶이 되어야 합니다. 구원받은 자들은 예수 그리스도를 영접함으로 그리스도로 옷 입게 되었습니다. 그리스도로 옷을 입게 되면 나타나는 현상은 육신의 정욕을 멀리한다는 것입니다. 그리고 빛을 비추는 특징이 있습니다. 빛이 되시는 예수님을 따르다 보니 자연스레 빛을 비추게 됩니다. 그리스도인으로 인해 부정적인 말이 사라지고, 사람을 세우고 살리는 말이 등장합니다. 어둠 속에서도 빛의 갑옷을 입을 때 주변이 밝아지면서 구원이 완성되어 감(빌 2:12)을 깨닫습니다.

예수 그리스도로 옷을 입은 자는 어둠의 유혹에서 벗어나 밝은 빛이 머무는 곳으로 나아갑니다. 세상 속에서도 마지막 때를 기억하고, 그리스도를 따라 죄를 멀리하며 성결을 이루는 삶을 삽니다.

로마서 13장 11-14절

또한 너희가 이 시기를 알거니와 자다가 깰 때가 벌써 되었으니 이는 이제 우리의 구원이 처음 믿을 때보다 가까웠음이라 밤이 깊고 낮이 가까웠으니 그러므로 우리가 어둠의 일을 벗고 빛의 갑옷을 입자 낮에와 같이 단정히 행하고 방탕하거나 술 취하지 말며 음란하거나 호색하지 말며 다투거나 시기하지 말고 오직 주 예수 그리스도로 옷 입고 정욕을 위하여 육신의 일을 도모하지 말라

오늘의 적용   사람을 세우는 말과 행동으로 빛을 비추기

나의 기도   주여, 오늘도 말씀을 따라 빛을 비추는 삶을 살게 하소서.

깨어 있어야 합니다

| 본문: 마태복음 24장 36-44절
| 찬송: 175장 신랑 되신 예수께서

예수님이 이 땅에 다시 오실 때의 징조는 성경을 통해 알 수 있지만, 그 날짜와 시각은 아무도 알 수 없습니다. 하지만 지금까지 많은 이단이 예수님의 재림 시기를 못 박아 사람들을 미혹해 왔습니다. 우리나라에서도 다미선교회라는 이단 단체가 1992년 10월 28일을 재림의 날짜로 못 박아 시한부 종말론을 주장하다 실패로 끝났던 일이 있었습니다. 그런데 그들의 비성경적인 행위가 각종 뉴스에 보도되는 바람에 그 영향을 받은 기독교까지 부정적으로 인식되기도 했습니다.

죄악으로 가득한 시대에 노아는 방주를 준비하였지만, 많은 사람은 홍수로 멸하기까지 깨닫지 못하고 죄로 얼룩진 삶을 살았습니다. 예수님의 재림 때도 이러한 일이 있을 것입니다. 두 사람이 밭에 있지만, 한 사람은 데려가고 한 사람은 버려둠을 당할 수 있습니다. 같은 지역에서, 같은 교회에서 똑같이 신앙생활하는 것 같지만, 마지막 때는 다른 결과를 볼 수 있습니다. 그렇기에 깨어 있어야 합니다. 주님의 재림을 기다리는 성결교회 성도들은 생각하지 못한 때에 예수님이 오실 수 있다는 사실을 알고, 날마다 말씀의 등불을 들고 깨어 있어야 합니다.

"내일 지구가 멸망하더라도 나는 한 그루의 사과나무를 심겠다"라는 말이 있습니다. 그리스도인은 개인적인 죽음이나 우주적인 종말로 나의 삶에 마지막이 있음을 알고, 날마다 깨어 있는 신앙으로 복음을 심는 삶을 살아야 합니다.

마태복음 24장 36-44절

그러나 그 날과 그 때는 아무도 모르나니 하늘의 천사들도, 아들도 모르고 오직 아버지만 아시느니라 노아의 때와 같이 인자의 임함도 그러하리라 홍수 전에 노아가 방주에 들어가던 날까지 사람들이 먹고 마시고 장가 들고 시집 가고 있으면서 홍수가 나서 그들을 다 멸하기까지 깨닫지 못하였으니 인자의 임함도 이와 같으리라 그 때에 두 사람이 밭에 있으매 한 사람은 데려가고 한 사람은 버려둠을 당할 것이요 두 여자가 맷돌질을 하고 있으매 한 사람은 데려가고 한 사람은 버려둠을 당할 것이니라 그러므로 깨어 있으라 어느 날에 너희 주가 임할는지 너희가 알지 못함이니라 너희도 아는 바니 만일 집 주인이 도둑이 어느 시각에 올 줄을 알았더라면 깨어 있어 그 집을 뚫지 못하게 하였으리라 이러므로 너희도 준비하고 있으라 생각하지 않은 때에 인자가 오리라

오늘의 적용　　　오늘 하루도 신실하게 하나님 앞에서 살기

나의 기도　　　　주여, 주님 다시 오시는 날을 기쁨으로 맞이하게 하소서.

메시아가 통치하는 세계

ㅣ 본문: 이사야 11장 1-10절
ㅣ 찬송: 430장 주와 같이 길 가는 것

사람은 누구의 통치를 받느냐에 따라 인생의 향방이 갈립니다. 돈이나 명예, 권력의 지배를 받는 사람은 유한한 만족에 머물 수밖에 없지만, 예수 그리스도 안에 머무는 자는 영원한 만족을 누릴 수 있습니다.

본문은 메시아가 이새의 뿌리에서 출생할 것을 알려주고 있습니다. 메시아의 출생을 다윗의 뿌리가 아니라 이새의 뿌리로 부르는 것은, 그만큼 메시아의 연약함과 비천한 삶을 예고하고 있는 것입니다. 비록 메시아는 비천한 가문에서 출생하지만, 여호와의 영이 함께하시므로 공의와 정직, 그리고 성실로 그의 나라를 통치하실 것입니다. 메시아의 출현으로 인해 평화의 나라가 도래하게 됩니다. 세상의 온갖 부조리와 악행은 완전히 사라지고, 이후에 만들어지는 평화의 나라는 사람들이나 짐승들이 서로를 해치지 않을 것입니다. 젖 뗀 아이가 독사의 굴에 손을 넣어도 다치지 않게 됩니다. 물이 바다를 덮음 같이 하나님을 아는 지식이 세상에 충만해져서 해로운 것이나 악한 것이 없습니다. 마침내 땅끝까지 복음이 전해져 온 열방이 이새의 뿌리에서 나온 메시아에게 돌아오며 그리스도의 교회가 영광을 회복하게 될 것입니다.

이제 성탄의 시즌에 접어들면서 주님께서 통치하시는 세계를 구체적으로 사는 결단이 필요합니다. 미움과 다툼이 없는 평화의 나라를 꿈꾸고, 주님의 영광이 드러나는 교회가 되어 천국을 경험해야 합니다.

이새의 줄기에서 한 싹이 나며 그 뿌리에서 한 가지가 나서 결실할 것이요 그의 위에 여호와의 영 곧 지혜와 총명의 영이요 모략과 재능의 영이요 지식과 여호와를 경외하는 영이 강림하시리니 그가 여호와를 경외함으로 즐거움을 삼을 것이며 그의 눈에 보이는 대로 심판하지 아니하며 그의 귀에 들리는 대로 판단하지 아니하며 공의로 가난한 자를 심판하며 정직으로 세상의 겸손한 자를 판단할 것이며 그의 입의 막대기로 세상을 치며 그의 입술의 기운으로 악인을 죽일 것이며 공의로 그의 허리띠를 삼으며 성실로 그의 몸의 띠를 삼으리라 그 때에 이리가 어린 양과 함께 살며 표범이 어린 염소와 함께 누우며 송아지와 어린 사자와 살진 짐승이 함께 있어 어린 아이에게 끌리며 암소와 곰이 함께 먹으며 그것들의 새끼가 함께 엎드리며 사자가 소처럼 풀을 먹을 것이며 젖 먹는 아이가 독사의 구멍에서 장난하며 젖 뗀 어린 아이가 독사의 굴에 손을 넣을 것이라 내 거룩한 산 모든 곳에서 해 됨도 없고 상함도 없을 것이니 이는 물이 바다를 덮음 같이 여호와를 아는 지식이 세상에 충만할 것임이니라 그 날에 이새의 뿌리에서 한 싹이 나서 만민의 기치로 설 것이요 열방이 그에게로 돌아오리니 그가 거한 곳이 영화로우리라

오늘의 적용 팔복(마 5:3-10)을 실천하며 이 땅에서 천국을 살기

나의 기도 주여, 주님의 다스림 가운데 평화를 누리게 하소서.

리더의 판단

▎본문: 시편 72편 1-7, 18-19절
▎찬송: 585장 어느 민족 누구게나

　한 사람의 올바른 판단이 많은 사람을 죽음에서 건지기도 하지만, 한 사람의 잘못된 판단이 많은 사람을 재앙으로 몰기도 합니다. 지금 벌어지고 있는 우크라이나와 러시아의 전쟁도 한 사람의 판단 착오로 인한 것입니다.

　시편 72편의 시인은 왕에게 주의 판단력을 주셔서 왕이 공의로 백성을 재판하면 평강이 임할 것이라고 말합니다. '주의 판단력'은 하나님의 뜻을 분별하여 실현할 수 있는 능력을 의미합니다. 어느 사회에서나 그 사회를 이끄는 리더의 판단은 매우 중요합니다. 국가에 있어선 왕이나 위정자가 어떤 생각을 가지고 판단하느냐에 따라 국민의 안위(安危)가 달라집니다. 회사에서는 그 회사를 대표하는 사장이, 학교에서는 교장이, 교회에서는 담임목사가 어떻게 판단하느냐가 중요합니다. 리더의 바른 판단은 그가 속한 그룹이 살고, 앞날이 밝아질 수 있지만, 리더의 잘못된 판단은 그의 그룹이 힘들어하고, 앞날에 두려움의 그늘을 씌우게 됩니다. 주의 판단력과 주의 공의가 지배하는 왕은 백성의 억울함을 풀어 주고, 궁핍한 자의 자손을 구원할 수 있습니다. 왕의 의로운 통치는, 그 백성이 항상 주를 두려워하며 평강이 넘치는 삶으로 인도합니다.

　모세의 판단과 중보기도는 진멸의 위기에 처했던 이스라엘 백성을 살렸습니다(출 32:1-14). 우리의 영원한 왕이 되시는 예수 그리스도의 지배를 받고, 그 지혜로 세상을 이겨나가는 자들이 리더로 섬겨나갈 수 있길 기대합니다.

시편 72편 1-7, 18-19절

하나님이여 주의 판단력을 왕에게 주시고 주의 공의를 왕의 아들에게 주소서 그가 주의 백성을 공의로 재판하며 주의 가난한 자를 정의로 재판하리니 의로 말미암아 산들이 백성에게 평강을 주며 작은 산들도 그리하리로다 그가 가난한 백성의 억울함을 풀어 주며 궁핍한 자의 자손을 구원하며 압박하는 자를 꺾으리로다 그들이 해가 있을 동안에도 주를 두려워하며 달이 있을 동안에도 대대로 그리하리로다 그는 벤 풀 위에 내리는 비 같이, 땅을 적시는 소낙비 같이 내리리니 그의 날에 의인이 흥왕하여 평강의 풍성함이 달이 다할 때까지 이르리로다

홀로 기이한 일들을 행하시는 여호와 하나님 곧 이스라엘의 하나님을 찬송하며 그 영화로운 이름을 영원히 찬송할지어다 온 땅에 그의 영광이 충만할지어다 아멘 아멘

오늘의 적용   위정자와 교회의 리더를 위해 기도하기

나의 기도   주여, 주의 종들이 말씀으로 세상을 분별하게 하소서.

그리스도를 본받아

　┃ 본문: 로마서 15장 4-13절
　┃ 찬송: 455장 주님의 마음을 본받는 자

　삶의 목적이 분명한 사람은 절망할 틈이 없습니다. 오직 한 곳만을 바라보게 됩니다. 예수께서는 '오직 하나님께 영광'이라는 삶의 목적을 향해 십자가 죽음에까지 나아가 부활의 영광을 누릴 수 있었습니다.

　바울은 할례와 음식물, 안식일 등 로마교회의 문제를 해소하기 위하여 그리스도 예수를 본받아 서로 뜻을 같이하여 연합할 것을 권면하였습니다. 서로의 다름이 틀린 것이 아니라면 주 안에서 하나가 되어 하나님께 영광을 돌려야 합니다. 그리스도 예수는 율법의 완성자로서 할례의 추종자였습니다. 이는 예수께서 할례받은 이스라엘 백성 가운데 태어나셨고, 그들과 함께 할례받음으로 하나님과 언약을 맺은 백성 중 한 분이 되셨다는 것을 의미합니다. 이로 인해 예수님은 이스라엘의 조상들에게 허락한 약속을 지켜 신실하심을 드러내셨고, 이방인들도 긍휼히 여겨 하나님의 백성으로 삼아 하나님께 영광을 돌렸습니다. 결국에는 온 열방이 구원을 받고, 하나님을 찬양하는 데까지 나아가 하나님의 영광을 드높이게 될 것입니다. 그러할 때 열방이 예수 그리스도에게 소망을 두며, 성령의 능력으로 소망이 넘치게 됩니다.

　그리스도 예수는 하나님께 영광을 돌리는 삶을 사셨습니다. 우리도 연합의 중보자와 할례의 추종자, 그리고 열방의 구원자로서 하나님께 영광을 돌린 그리스도를 본받는 자가 되어야 합니다.

로마서 15장 4-13절

무엇이든지 전에 기록된 바는 우리의 교훈을 위하여 기록된 것이니 우리로 하여금 인내로 또는 성경의 위로로 소망을 가지게 함이니라 이제 인내와 위로의 하나님이 너희로 그리스도 예수를 본받아 서로 뜻이 같게 하여 주사 한마음과 한 입으로 하나님 곧 우리 주 예수 그리스도의 아버지께 영광을 돌리게 하려 하노라 그러므로 그리스도께서 우리를 받아 하나님께 영광을 돌리심과 같이 너희도 서로 받으라 내가 말하노니 그리스도께서 하나님의 진실하심을 위하여 할례의 추종자가 되셨으니 이는 조상들에게 주신 약속들을 견고하게 하시고 이방인들도 그 긍휼하심으로 말미암아 하나님께 영광을 돌리게 하려 하심이라 기록된 바 그러므로 내가 열방 중에서 주께 감사하고 주의 이름을 찬송하리로다 함과 같으니라 또 이르되 열방들아 주의 백성과 함께 즐거워하라 하였으며 또 모든 열방들아 주를 찬양하며 모든 백성들아 그를 찬송하라 하였으며 또 이사야가 이르되 이새의 뿌리 곧 열방을 다스리기 위하여 일어나시는 이가 있으리니 열방이 그에게 소망을 두리라 하였느니라 소망의 하나님이 모든 기쁨과 평강을 믿음 안에서 너희에게 충만하게 하사 성령의 능력으로 소망이 넘치게 하시기를 원하노라

오늘의 적용   서로가 다른 부분을 인정하고, 복음을 매개로 하나 되기

나의 기도   주여, 교회의 연합이 열방의 구원으로 이어지게 하소서.

2

대림절
둘째 주간

상황을 뛰어넘는 말씀의 능력

❚ 본문: 누가복음 1장 47-55절
❚ 찬송: 545장 이 눈에 아무 증거 아니 뵈어도

혹시 남자를 전혀 모르는 처녀가 임신하여 교회에 나타난다면 어떤 생각이 들까요? 예수님의 육신의 어머니인 마리아에게 이런 일이 일어났습니다. 당시의 유대 사회는 약혼한 여자가 간음하면 성읍 문으로 끌어내 돌로 쳐 죽이는 율법(신 22:23-24)이 있었습니다.

그런데 요셉의 약혼자인 마리아가 천사 가브리엘로부터 잉태하여 아들을 낳는다는 소식을 듣습니다. 마리아는 두려운 마음이었지만 하나님의 말씀이 이루어지기를 소망합니다. 또 본래 임신하지 못하는 엘리사벳이 하나님의 은혜로 임신하게 된 사실을 보고 하나님의 말씀은 반드시 이루어지리라는 믿음으로 하나님을 찬양합니다. 마리아는 간음하여 임신한 것으로 오해를 받고 죽임을 당할 수도 있는 상황이었지만, 담대하게 주를 찬양하며 하나님께서 자신에게 복 주신다는 고백을 분명히 합니다. 어떻게 두려운 상황 속에서도 마리아가 이런 찬양을 할 수 있었을까요? 그것은 하나님의 말씀이 마리아를 지배하고 있었기 때문입니다. 하나님께서 아브라함에게 말씀한 '너는 복이 될지라'는 말씀이 마리아 안에 있었기에 '우리 조상에게 말씀하신 것과 같이 아브라함과 그 자손에게 영원히 하시리로다'는 찬양이 마리아의 입술을 통해 흘러나왔습니다.

마리아는 처녀가 임신했다는 두려움 속에서도 상황에 매이지 않고, 큰일을 행하시는 하나님의 말씀을 바라보았습니다. 여러분도 인생의 많은 문제를 헤쳐나갈 때 말씀의 능력을 의지하여 승리하는 믿음이 되시길 바랍니다.

누가복음 1장 47-55절

　　내 마음이 하나님 내 구주를 기뻐하였음은 그의 여종의 비천함을 돌보셨음이라 보라 이제 후로는 만세에 나를 복이 있다 일컬으리로다 능하신 이가 큰 일을 내게 행하셨으니 그 이름이 거룩하시며 긍휼하심이 두려워하는 자에게 대대로 이르는도다 그의 팔로 힘을 보이사 마음의 생각이 교만한 자들을 흩으셨고 권세 있는 자를 그 위에서 내리치셨으며 비천한 자를 높이셨고 주리는 자를 좋은 것으로 배불리셨으며 부자는 빈 손으로 보내셨도다 그 종 이스라엘을 도우사 긍휼히 여기시고 기억하시되 우리 조상에게 말씀하신 것과 같이 아브라함과 그 자손에게 영원히 하시리로다 하니라

오늘의 적용　　말씀을 의지하여 두려움을 극복하기

나의 기도　　주여, 상황을 뛰어넘는 하나님의 말씀 앞에 순종하게 하소서.

거룩함으로 예수님을 맞이하기

┃ 본문: 마태복음 3장 1-12절
┃ 찬송: 259장 예수 십자가에 흘린 피로써

온 세계가 코로나19로 몸살을 앓으면서 보이지 않는 균이 전염될 경우의 심각성을 깨닫게 됩니다. 영적인 현미경으로 우리의 내면을 관찰해보면 죄의 심각성이 거룩하신 예수님으로부터 우리를 멀어지게 할 수도 있습니다.

예수님을 맞이하기 위해서는 죄의 오염에서 벗어나야 합니다. 회개가 필요합니다. 세례 요한도 예수님에 관한 소식이 세상에 알려지기 전에 먼저 "회개하라! 천국이 가까이 왔느니라"라고 외쳤습니다. 세례 요한이 회개의 메시지를 선포할 때, 그 주변에는 두 부류의 사람들이 찾아왔습니다. 한 부류는 세례 요한에게 나아와 자기들의 죄를 자복하고, 그에게 세례를 받는 사람들이었습니다. 이들은 하나님을 만나길 원하여 작은 죄라도 회개하였습니다. 다른 한 부류인 바리새인들과 사두개인들은 위선에 젖어서 나왔습니다. 이 두 부류의 사람들이 찾아오는 장소가 대조적입니다. 전자는 세례 요한에게 나왔다면, 후자는 세례 베푸는 곳으로 나옵니다. 전자가 세례 요한의 입에서 선포된 하나님의 말씀 앞으로 나왔다면, 후자는 세례 베푸는 장면을 멀리서 보며 정죄하려고 나왔습니다. 이 장면에선 '죄인 의식'으로 갈급해하며 회개하는 모습과 '선민의식'으로 오히려 하나님의 말씀을 배척하는 교만한 모습이 대조적으로 보입니다.

거룩함으로 예수님을 맞이하려면 나의 심령을 말씀으로 비추어 죄악이 남아 있지 않도록 회개해야 합니다. 성탄의 예배가 은혜가 되는 이유는, 우리의 죄가 온전히 씻어져서 예수님을 맞이할 수 있기 때문입니다.

마태복음 3장 1~12절

　그 때에 세례 요한이 이르러 유대 광야에서 전파하여 말하되 회개하라 천국이 가까이 왔느니라 하였으니 그는 선지자 이사야를 통하여 말씀하신 자라 일렀으되 광야에 외치는 자의 소리가 있어 이르되 너희는 주의 길을 준비하라 그가 오실 길을 곧게 하라 하였느니라 이 요한은 낙타털 옷을 입고 허리에 가죽 띠를 띠고 음식은 메뚜기와 석청이었더라 이 때에 예루살렘과 온 유대와 요단 강 사방에서 다 그에게 나아와 자기들의 죄를 자복하고 요단 강에서 그에게 세례를 받더니 요한이 많은 바리새인들과 사두개인들이 세례 베푸는 데로 오는 것을 보고 이르되 독사의 자식들아 누가 너희를 가르쳐 임박한 진노를 피하라 하더냐 그러므로 회개에 합당한 열매를 맺고 속으로 아브라함이 우리 조상이라고 생각하지 말라 내가 너희에게 이르노니 하나님이 능히 이 돌들로도 아브라함의 자손이 되게 하시리라 이미 도끼가 나무 뿌리에 놓였으니 좋은 열매를 맺지 아니하는 나무마다 찍혀 불에 던져지리라 나는 너희로 회개하게 하기 위하여 물로 세례를 베풀거니와 내 뒤에 오시는 이는 나보다 능력이 많으시니 나는 그의 신을 들기도 감당하지 못하겠노라 그는 성령과 불로 너희에게 세례를 베푸실 것이요 손에 키를 들고 자기의 타작 마당을 정하게 하사 알곡은 모아 곳간에 들이고 쭉정이는 꺼지지 않는 불에 태우시리라

오늘의 적용　　말씀에 비추어 남아 있는 죄를 회개하기

나의 기도　　주여, 우리의 죄를 용서하시고, 거룩함으로 새롭게 하소서.

다시 피어날 소망으로 기뻐하십시오

▎본문: 이사야 35장 1-10절
▎찬송: 550장 시온의 영광이 빛나는 아침

뜨거운 햇볕이 있는 한낮에는 이슬이 내리지 않습니다. 그렇지만, 차가움이 있는 어두운 밤이면 이슬이 내립니다. 우리가 잠든 사이 소리 없이 내려앉은 이슬은 아침이 되면 영롱하게 빛나는 것을 볼 수 있습니다.

은혜와 은총으로 일컬어지는 하늘 이슬(heaven dew)도 그런 것 같습니다. 어떤 때는 하나님이 침묵하시는 것처럼 우리 삶이 막막하게 느껴질 때도 있습니다. 어떤 때는 하나님의 말씀이 소나기처럼 임하지 않아 답답할 때도 있습니다. 그렇지만 우리는 평범한 날에 주님을 바라보아야 합니다. 소나기 같은 말씀이 아니어도, 소나기 같은 은혜가 아니어도, 분명 하나님은 광야와 같고 어둠의 환경 같은 지금 이 순간에도 우리의 필요를 채우기 위해 소리 없이 임하여 오시기 때문입니다. 성도의 삶은 우슬초와 같습니다. 구약성서에 여러 번 등장하는 '우슬초'는 가장 볼품없고 천하게 여겨질 수 있는 관목식물로서, 담벼락이나 척박한 환경에 붙어살면서 매일 밤 내려앉는 하늘 이슬 (heaven dew)을 먹고 살아갑니다. 하늘 이슬은 우슬초에게 생명과도 같습니다. 마찬가지로 그리스도인은 하늘 은총(heaven dew)을 힘입어 살아가는 존재입니다.

하나님은 때로 이슬을 내리시기 위해 우리를 광야로 이끌기도 하시고, 슬픔과 아픔이라는 장소로 이끌기도 하시고, 밤과 같은 어둠의 환경으로 이끌기도 하십니다. 우리에게 은혜를 베풀기 위해서입니다. 시편 성도의 고백입니다. "저녁에는 울음이 깃들일지라도 아침에는 기쁨이 오리로다"(시 30:5) 우리 인생의 어두운 밤, 소리 없이 내려주시는 은혜의 이슬, 언제 내렸는지도 모르지만 은밀한 중에 다가와 주시는 은혜의 이슬(heaven dew)로 살아가게 됩니다. "내가 이스라엘에게 이슬과 같으리니"(호 14:5)

어둠 속에 내려앉는 이슬처럼 우리 영혼에 잠잠히 내려앉은 하나님의 은혜로 인하여 어제의 울음을 잊고 오늘 길을 기쁨으로 걸어갈 수 있기를 소망합니다.

광야와 메마른 땅이 기뻐하며 사막이 백합화 같이 피어 즐거워하며 무성하게 피어 기쁜 노래로 즐거워하며 레바논의 영광과 갈멜과 사론의 아름다움을 얻을 것이라 그것들이 여호와의 영광 곧 우리 하나님의 아름다움을 보리로다 너희는 약한 손을 강하게 하며 떨리는 무릎을 굳게 하며 겁내는 자들에게 이르기를 굳세어라, 두려워하지 말라, 보라 너희 하나님이 오사 보복하시며 갚아 주실 것이라 하나님이 오사 너희를 구하시리라 하라 그 때에 맹인의 눈이 밝을 것이며 못 듣는 사람의 귀가 열릴 것이며 그 때에 저는 자는 사슴 같이 뛸 것이며 말 못하는 자의 혀는 노래하리니 이는 광야에서 물이 솟겠고 사막에서 시내가 흐를 것임이라 뜨거운 사막이 변하여 못이 될 것이며 메마른 땅이 변하여 원천이 될 것이며 승냥이의 눕던 곳에 풀과 갈대와 부들이 날 것이며 거기에 대로가 있어 그 길을 거룩한 길이라 일컫는 바 되리니 깨끗하지 못한 자는 지나가지 못하겠고 오직 구속함을 입은 자들을 위하여 있게 될 것이라 우매한 행인은 그 길로 다니지 못할 것이며 거기에는 사자가 없고 사나운 짐승이 그리로 올라가지 아니하므로 그것을 만나지 못하겠고 오직 구속함을 받은 자만 그리로 행할 것이며 여호와의 속량함을 받은 자들이 돌아오되 노래하며 시온에 이르러 그들의 머리 위에 영영한 희락을 띠고 기쁨과 즐거움을 얻으리니 슬픔과 탄식이 사라지리로다

오늘의 적용   어제의 아픔을 잊고 희망의 새 날 바라보기

나의 기도   주님! 주의 영광과 아름다움으로 옷 입고 시온의 대로를 걷게 하소서.

인생의 고민, 웰 빙과 웰 다잉

I 본문: 시편 146편 5-10절
I 찬송: 488장 이 몸의 소망 무언가

『정의론』의 저자 존 롤스(John Rawls)는 '공정한 기회, 균등의 원칙'을 말하면서, 사회적 약자에게 더 많은 기회를 주어야 한다고 주장했습니다. 이 시대의 화두로 회자되는 것 중에 하나가 '건강과 복지'입니다. 웰 빙(well-being)과 웰 다잉(well-dying), 이 두 가지의 문제입니다.

우리는 지금 100세 시대를 살아가고 있습니다. 그러다 보니, 가장 큰 관심사가 노후 문제이기도 합니다. 하지만, 우리가 아무리 좋은 연금 보험을 가지고 있다 해도 그것이 우리의 생명을 지켜주지 못하고, 아무리 좋은 복지 행정이 이루어져도 우리의 안전과 평안을 보장해주지 못함을 알 수 있습니다. 그런데, 우리 주님 예수 그리스도는 우리가 고민하는 '건강과 복지' 이 두 가지를 완벽하게 해결해 놓으셨습니다. "억눌린 사람들을 위해 정의로 심판하시며, 주린 자들에게 먹을 것을 주시며, 갇힌 자들에게 자유를 주시며, 맹인들의 눈을 열어 주시고, 비굴한 자들을 일으키시며, 나그네들을 보호하시며, 고아와 과부를 붙들어 주셨으며~~~" 아멘.

성탄의 계절이 오면 떠오르는 이미지나 형상이 있습니다. 또한 메시지에 단골로 등장하는 다양한 사건과 인물들이 있습니다. 캐롤, 루돌프, 산타클로스, 성탄 트리, 동방박사, 마구간, 마리아와 요셉 등등. 그렇지만 이것들이 진정한 성탄의 주제는 될 수 없습니다. 성탄의 주제, 성탄의 주인공은 오로지 예수 그리스도입니다. 주님은 죄인들 가운데로 들어오셨습니다. 주님은 죄인들의 친구가 되어 주시고, 약한 자의 이웃이 되어 주셨습니다. 어느 누구도 정죄하지 않으시고, 그 모습 그대로 받아주셨습니다.

대림절을 지나는 가운데, 예수 그리스도가 우리의 삶의 환경과 모든 영역 가운데 오셔서 통치해 주시도록 기도하면서 새로운 길을 준비해야 합니다.

시편 146편 5-10절

　야곱의 하나님을 자기의 도움으로 삼으며 여호와 자기 하나님에게 자기의 소망을 두는 자는 복이 있도다 여호와는 천지와 바다와 그 중의 만물을 지으시며 영원히 진실함을 지키시며 억눌린 사람들을 위해 정의로 심판하시며 주린 자들에게 먹을 것을 주시는 이시로다 여호와께서는 갇힌 자들에게 자유를 주시는도다 여호와께서 맹인들의 눈을 여시며 여호와께서 비굴한 자들을 일으키시며 여호와께서 의인들을 사랑하시며 여호와께서 나그네들을 보호하시며 고아와 과부를 붙드시고 악인들의 길은 굽게 하시는도다 시온아 여호와는 영원히 다스리시고 네 하나님은 대대로 통치하시리로다 할렐루야

오늘의 적용　주변에 관심 갖고 돌아볼 영혼 이름을 기록하고 중보하기

나의 기도　이 땅의 정치, 경제, 사회, 교육, 문화, 종교, 예술 등 모든 영역에 하나님의 통치가 이루어지게 하소서.

오래 참음으로 기다려야 합니다

Ⅰ 본문: 야고보서 5장 7-10절
Ⅰ 찬송: 546장 주님 약속 하신 말씀 위에서

하버드대 탈 벤 샤하르 교수는 『행복의 심리학』이라는 책에서, 행복을 찾아가는 길을 소개하며 '행복을 위하여 마음의 속도를 늦추라'고 강조했습니다. 그는 또한 가장 무서운 암은 '비교암'으로, 하루빨리 '남들보다 병'에서 벗어나라고 경고했습니다. 운전을 하다보면 과속 방지턱으로 인해 짜증스러울 때가 있습니다. 어떤 때는 그런 길이 불편해서 과속 방지 턱이 없는 넓은 길로 돌아서 다니기도 합니다. 그런데, 때론 방지턱이 많은 길을 따라 천천히, 느릿하게 운전하는 것이 더 편안하고 자연스러울 때가 있습니다. 웨이브를 즐기는 멋스러움도 있고 여유로움과 안전함이 있기 때문입니다.

그리스도인들이 조심하고 경계해야할 두 개의 속담이 있습니다. "모로 가도 서울만 가면 된다.", "꿩 잡는 게 매다." 신앙생활은 속도보다 내용이 더 중요합니다. 빠른 것 보다 바르게 가는 것이 중요하고, 결과도 중요하지만 과정이 더 중요합니다. 신앙생활은 한 번 쓰고 버리는 일회용 컵과 같은 것이 아니라, 언제나 테이블에 가까이 있으면서 친근하고 익숙한 머그컵과 같이 영속적이며 지속성이 있어야 합니다. '기대하고 기도하며 기다리라'는 말이 있습니다. 우리는 하나님께서 기뻐하시는 온전한 약속을 믿음으로 바라보며, 그 약속이 이루어지기를 위해 기도하며, 그 약속이 성취되기 까지 인내하며 기다려야 합니다. 주님의 오심을 기다림은 막연함이 아닙니다. 천국은 가상의 나라가 아닙니다. 가장 확실하고 분명한 약속이며, 그리스도인들에게 가장 영광스러운 일이 아닐 수 없습니다.

새로운 시작을 알리는 대림절을 지나면서 새 일을 행하실 주님께 대한 기대와 소망이 더욱 충만하길 원합니다.

그러므로 형제들아 주께서 강림하시기까지 길이 참으라 보라 농부가 땅에서 나는 귀한 열매를 바라고 길이 참아 이른 비와 늦은 비를 기다리나니 너희도 길이 참고 마음을 굳건하게 하라 주의 강림이 가까우니라 형제들아 서로 원망하지 말라 그리하여야 심판을 면하리라 보라 심판주가 문 밖에 서 계시니라 형제들아 주의 이름으로 말한 선지자들을 고난과 오래 참음의 본으로 삼으라

오늘의 적용   약속의 응답을 바라며 기도하고 있는 제목 적어보기

나의 기도   구원의 주여 주님을 기다리는 주의 자녀들의 영혼이 잠들지 않게 하소서.

하나님이 없으면 공허해집니다

┃ 본문: 마태복음 11장 2-11절
┃ 찬송: 434장 귀하신 친구 내게 계시니

　지금 우리는 인공지능으로 대표될 수 있는 4차 산업의 뉴-모던 시대를 살아가고 있습니다. 우리가 사는 세상을 흔히 '뷰카월드(VUCA WORLD)'라고 말합니다. V는 변동성(Volatility), U는 불확실성(Uncertainty), C는 복잡성(Complexity), A는 모호성(Ambiguity)을 말합니다. 무엇보다, 포스트모더니즘은 다양성과 상대성, 복수성을 표방하면서 윤리도덕의 해체와 혼합영성, 그리고 기독교 유일성을 부정하는 잘못된 사고를 깊숙이 심어 놓았습니다.

　모든 종교에 구원이 있다고 말하는 종교다원주의가 바로 그것입니다. 이런 이념과 사상, 철학은 하나님을 정면으로 부정하는 것으로서 우리가 대항해야 하고 반드시 경계해야 할 위험천만한 함정입니다. 티모시 켈러 목사는, 인간이 가지고 있는 공허와 불안 그리고 불만족의 원인을 '하나님이 없으므로'라고 결론을 내렸습니다. 그리고 하나님이 없는 네 가지 상태를 '공허함'과 '고통'과 '분주함'과 '나약함'이라고 말했습니다. 하나님이 없으므로 공허합니다. 하나님이 없으므로 고통스럽습니다. 하나님이 없으므로 마음이 분주하고 안정감이 없습니다. 하나님이 없으므로 자주 나약하고 절망하게 됩니다. 구원 받은 증거와 마음의 표지가 무엇일까요? 탁월한 도덕적 삶일까요? 열정적인 봉사일까요? 많은 신앙적 지식과 은사의 체험일까요? 아닙니다. 예수 그리스도로 말미암은 기쁨과 감사가 충만하며, 자족하는 마음, 강함 있는 마음일 것입니다.

　더 이상 기적을 보려고 광야를 배회하지 않습니다. 화려한 것을 추구하려고 고민하거나 기웃거리지 않습니다. 남들보다 더 크게 보이려고 우쭐대거나, 남들보다 조금 모자란다고 주눅 들지도 않습니다. 정함이 없는 것에 마음 빼앗기지 아니하고, 주님 한 분 모신 자로 넉넉함이 됩니다. "천국에서는 극히 작은 자라도 세례 요한보다 크다"하신 주님께 온 맘 기울여 가는 우리가 되길 원합니다.

마태복음 11장 2-11절

　요한이 옥에서 그리스도께서 하신 일을 듣고 제자들을 보내어 예수께 여쭈오되 오실 그이가 당신이오니이까 우리가 다른 이를 기다리오리이까 예수께서 대답하여 이르시되 너희가 가서 듣고 보는 것을 요한에게 알리되 맹인이 보며 못 걷는 사람이 걸으며 나병환자가 깨끗함을 받으며 못 듣는 자가 들으며 죽은 자가 살아나며 가난한 자에게 복음이 전파된다 하라 누구든지 나로 말미암아 실족하지 아니하는 자는 복이 있도다 하시니라 그들이 떠나매 예수께서 무리에게 요한에 대하여 말씀하시되 너희가 무엇을 보려고 광야에 나갔더냐 바람에 흔들리는 갈대냐 그러면 너희가 무엇을 보려고 나갔더냐 부드러운 옷 입은 사람이냐 부드러운 옷을 입은 사람들은 왕궁에 있느니라 그러면 너희가 어찌하여 나갔더냐 선지자를 보기 위함이었더냐 옳다 내가 너희에게 이르노니 선지자보다 더 나은 자니라 기록된 바 보라 내가 내 사자를 네 앞에 보내노니 그가 네 길을 네 앞에 준비하리라 하신 것이 이 사람에 대한 말씀이니라 내가 진실로 너희에게 말하노니 여자가 낳은 자 중에 세례 요한보다 큰 이가 일어남이 없도다 그러나 천국에서는 극히 작은 자라도 그보다 크니라

오늘의 적용　　'주님으로 만족합니다.' 입술로 고백하기

나의 기도　　나의 주여, 단순한 마음으로 주님을 바라보게 하시고, 주님 한 분으로 만족하게 하소서.

아버지 앞에서는 실수해도 됩니다

▌ 본문: 이사야 7장 10-16절
▌ 찬송: 484장 내 맘의 주여 소망되소서

이민아 목사(이어령 교수의 맏딸)는 『하늘의 신부』라는 글에 이렇게 썼습니다. "자기 힘으로 할 수 없다는 것 그것이 깨달아 질 때가 구원의 시작이고, 구원의 시작은 마음이 가난해지는 것이다." 또한 "복음의 반대말은 무신론이 아니라 '종교'이다. 내 힘으로 하나님께 인정을 받고 내 힘으로 거룩해지려는 것이 바로 종교이다...이것은 마치 열심히 공부해서 명문대에 들어가는 것처럼, 우리가 하나님 앞에 A학점 하나님의 자녀가 되어야 천국에 들어갈 수 있다고 말하는 것과 같다"

그렇습니다. 구원은 우리가 노력해서 얻는 것이 아닙니다. 하나님의 사랑은 완전하지만 우리의 노력에 의해서 얻어질 수 있는 것이 아닙니다. 우리에겐 그럴만한 힘도, 능력도, 자격도 없습니다. 오직 십자가를 통해서, 하나님의 은혜로, 믿음으로만 얻을 수 있기에, 하나님의 선물(엡 2:8-9)이라고 말하기도 합니다.

하나님께서는 이사야의 입을 통해 아하스 왕에게 말씀하셨습니다. "네 하나님에게 표징을 구하여라. 무엇이든 구하여라. 통 크게 구하여라" 그러나 아하스 왕은 나라의 위기 앞에서도 체면만 따지고 위선을 떱니다. "아닙니다. 괜찮습니다. 나는 하나님께 그런 요구를 하지 않을 것입니다." 그러자, 이사야가 큰 소리로 경고합니다. "잘 들으십시오. 그대들은 체면과 위선에 불과한 경건을 가지고 사람들을 지치게 할 뿐만 아니라 하나님까지 지치게 만들고 있습니다. 두고 보십시오. 이스라엘이 두 동강이가 난 것보다 더 큰 아픔이 찾아올 것입니다."

"아버지 앞에서는 실수해도 됩니다."라는 제목이 말하듯이 지금은 하나님께 새로운 시작을 위해, 잃은 것을 되찾고 회복하기 위해, 어지러운 이 땅의 거룩함을 위해 떼를 쓰며 몸부림쳐야 할 때입니다. 하나님 아버지 앞에서 조금은 철부지 같고 뻔뻔스러운 모습이어도 괜찮습니다. 일어서기 위해서 몸짓하는 우리를 아버지는 박수쳐 주시고, 헤아려 주시고 붙잡아 주실 것입니다.

여호와께서 또 아하스에게 말씀하여 이르시되 너는 네 하나님 여호와께 한 징조를 구하되 깊은 데에서든지 높은 데에서든지 구하라 하시니 아하스가 이르되 나는 구하지 아니하겠나이다 나는 여호와를 시험하지 아니하겠나이다 한지라 이사야가 이르되 다윗의 집이여 원하건대 들을지어다 너희가 사람을 괴롭히고서 그것을 작은 일로 여겨 또 나의 하나님을 괴롭히려 하느냐 그러므로 주께서 친히 징조를 너희에게 주실 것이라 보라 처녀가 잉태하여 아들을 낳을 것이요 그의 이름을 임마누엘이라 하리라 그가 악을 버리며 선을 택할 줄 알 때가 되면 엉긴 젖과 꿀을 먹을 것이라 대저 이 아이가 악을 버리며 선을 택할 줄 알기 전에 네가 미워하는 두 왕의 땅이 황폐하게 되리라

오늘의 적용   체면을 내려놓고 자신의 속사정 하나님께 통 크게 구하기.

나의 기도   주여! 용서하소서. 나의 부르짖음을 들으시고 속히 행하여 주소서.

3

대림절
셋째 주간

눈물을 마신 너희여, 이제 깨소서

┃ 본문: 시편 80편 1-7절, 17-19절
┃ 찬송: 510장 하나님의 진리 등대

　자연과 물질계는 질서에서 무질서 상태로 붕괴되고, 퇴화하고, 부패하게 됩니다. 이것이 과학에서 말하는 엔트로피 법칙입니다. 우리의 몸도 규칙적인 생활을 하지 않으면 점점 게을러지고, 우리 주변을 습관적으로 정리정돈하지 않으면 점점 무질서해지고 헝클어지고 맙니다.

　한동대학교 설립자인 김영길 총장님에 관한 일화입니다. 그는 온누리교회 창립 멤버였습니다. 소천하신 하용조목사님은 성도들에게 자주 이렇게 말했다고 합니다. "우리 교회에서 7년이 된 성도들은 세상을 변화시키기 위해 떠나십시오." 교회 안의 신자에서 머물지 말고 교회 밖의 신자가 되어야 한다는 의미 있는 메시지였습니다. 그는 카이스트 교수로서 안정되고 평생 노후가 보장된 자리에 편안하게 생활할 수도 있었지만 안정되고 편안한 삶을 포기하고, 지성과 인성과 영성을 겸비한 고등교육을 통해 기독교적 지도자를 양성하기 위한 한동대학교를 설립하기로 결심했습니다. 하나님을 더욱 견고하게 붙잡고 기도로 끝까지 견디어냄으로 오늘의 위대한 기독교대학을 일궈냈습니다.

　물질세계는 무질서 상태로 붕괴되고, 퇴화하고, 부패합니다. 그렇지만 그리스도인들은 예수님이 보여주신 사랑과 헌신, 희생의 삶을 통해 무너진 곳을 일으켜 세우며 회복시키는 삶을 살아가야 합니다. 전자가 엔트로피의 삶이라면, 후자를 가리켜 신트로피의 삶이라고 할 수 있습니다. 그리스도인의 삶은 살리고 일으키고 회복시키는 삶입니다. 전에는 눈물이 양식이 되고 눈물을 마시게 되었다면 이제는 다른 사람의 눈물을 닦아주는 삶으로 나아가야 합니다.

　이 땅의 교회는 산 위의 동네처럼(마 5장) 세상에 소망을 주는 생명의 빛으로 드러나야 합니다. 성도는 교회 안의 신자로만 머물지 말고 변화된 인격으로 세상을 변화시키는 교회 밖의 신자가 되어야 합니다. 우리가 얻은 구원의 광채가 이젠 우리를 통하여 세상에 소망을 주는 빛으로 널리 퍼져가야 하기 때문입니다.

시편 80편 1-7절, 17-19절

　　요셉을 양 떼 같이 인도하시는 이스라엘의 목자여 귀를 기울이소서 그룹 사이에 좌정하신 이여 빛을 비추소서 에브라임과 베냐민과 므낫세 앞에서 주의 능력을 나타내사 우리를 구원하러 오소서 하나님이여 우리를 돌이키시고 주의 얼굴빛을 비추사 우리가 구원을 얻게 하소서 만군의 하나님 여호와여 주의 백성의 기도에 대하여 어느 때까지 노하시리이까 주께서 그들에게 눈물의 양식을 먹이시며 많은 눈물을 마시게 하셨나이다 우리를 우리 이웃에게 다툼거리가 되게 하시니 우리 원수들이 서로 비웃나이다 만군의 하나님이여 우리를 회복하여 주시고 주의 얼굴의 광채를 비추사 우리가 구원을 얻게 하소서

　　주의 오른쪽에 있는 자 곧 주를 위하여 힘있게 하신 인자에게 주의 손을 얹으소서 그리하시면 우리가 주에게서 물러가지 아니하오리니 우리를 소생하게 하소서 우리가 주의 이름을 부르리이다 만군의 하나님 여호와여 우리를 돌이켜 주시고 주의 얼굴의 광채를 우리에게 비추소서 우리가 구원을 얻으리이다

오늘의 적용　　나를 얽매이게 하는 것이 무엇인지 돌아보고 과감하게 내려놓기

나의 기도　　빛되신 주여, 밝은 빛으로 드러나는 산 위의 동네 같은 교회가 되게 하소서.

김 서방, 자네가 이렇게 중요한 사람이었나?

┃ 본문: 로마서 1장 1–7절
┃ 찬송: 314장 내 구주 예수를 더욱 사랑

　지난 추석에 삼성 이재용 부회장이 파나마를 방문하였습니다. 그리고 추석 명절인데도 집에 가지 못하고 있는 현지 직원들과 가족들에게 굴비세트를 보내 그 노고에 감사를 표했습니다. 그리고 직원들의 어린 자녀들과 가족들에게 최신 태블릿pc나 핸드폰을 선물했습니다. 선물을 받은 가족들은 감격했고, 어떤 이는 가보(家寶)로 삼아야 한다며 고마워하기도 했습니다. 어느 장모는 사위에게 전화하여 "김 서방, 자네가 회사에서 이렇게 중요한 사람이었나?"라며 감격스러워했다고 합니다.

　그런데 오늘 우리에겐 더 놀라운 사건이 일어났습니다. 우리는 다윗의 혈통으로 나신 하나님의 아들 예수 그리스도로 말미암아 구원을 받았으며, 주님과 한 몸이 되었고, 하나님의 가족이 되었습니다. 매일 주님이 함께 살아주시고, 우리의 식탁에 언제나 함께하여 주십니다.

　성경에는 하나님의 아들 예수 그리스도에 대하여 자세히 기록하고 있습니다. 역사적으로 보면 그분은 다윗의 후손이며, 정체성으로 보면 그분은 하나님의 아들이십니다. 우리는 예수 그리스도로 말미암아 제사장의 일이라는 고귀한 사명을 감당하도록 선택 받았고, 거룩한 백성이 되도록 선택 받았으며, 하나님의 일을 하고 하나님을 위해 말하는 그 분의 도구로 선택받았습니다. 우리는 그분을 통해 그분의 생명을 풍성한 선물로 받았으며 이 생명을 다른 사람들에게 전하는 긴급한 사명도 받은 것입니다(벧전 2:9). 우리가 이 복음을 위하여 살아갈 수밖에 없는 단 한 가지 충분한 이유가 바로 그것입니다. 아무 것도 아닌 자를 중요한 자로, 거절당한 자를 받아들여진 자로 바꿔주시고, 또한 전에는 외인이었으나 이제는 가족으로 불러주신 하나님의 선물과 부르심 때문입니다.

　복음을 위하여 택정함을 입고 성도로 부르심을 받은 우리 모두에게 하나님 우리 아버지와 주 예수 그리스도로부터 은혜와 평강이 있기를 소망합니다.

　　예수 그리스도의 종 바울은 사도로 부르심을 받아 하나님의 복음을 위하여 택정함을 입었으니 이 복음은 하나님이 선지자들을 통하여 그의 아들에 관하여 성경에 미리 약속하신 것이라 그의 아들에 관하여 말하면 육신으로는 다윗의 혈통에서 나셨고 성결의 영으로는 죽은 자들 가운데서 부활하사 능력으로 하나님의 아들로 선포되셨으니 곧 우리 주 예수 그리스도시니라 그로 말미암아 우리가 은혜와 사도의 직분을 받아 그의 이름을 위하여 모든 이방인 중에서 믿어 순종하게 하나니 너희도 그들 중에서 예수 그리스도의 것으로 부르심을 받은 자니라 로마에서 하나님의 사랑하심을 받고 성도로 부르심을 받은 모든 자에게 하나님 우리 아버지와 주 예수 그리스도로부터 은혜와 평강이 있기를 원하노라

오늘의 적용　　　하나님과 교회 앞에 내가 얼마나 소중한 존재인지 믿음으로 선포하기

나의 기도　　　주여, 이 복음 위하여 남은 시간을 주님께만 매여 가는 성도 되게 하소서.

대림절 제**17**일

행복할 수밖에 없는 이유, 임마누엘

┃ 본문: 마태복음 1장 18-25절
┃ 찬송: 104장 곧 오소서 임마누엘

오징어 게임은 총 456억의 상금을 놓고 456명의 각양의 사람이 목숨을 담보로 벌이는 서바이벌 게임입니다. 최후의 생존자로 456억의 상금을 거머쥔 사람이 또 한 번의 게임을 청하며 마지막으로 이런 질문을 합니다. "돈이 하나도 없는 사람과 돈이 가장 많은 사람의 공통점이 뭔 줄 아나?", "사는 게 재미가 없다는 거야"라고요.

세상은 피할 수 없는 생존을 위해, 삶의 재미를 위해 무모한 게임을 계속합니다. 그러나 그리스도인으로 살아간다는 것은 생존을 위한 게임도, 재미를 추구하는 놀이도 아닙니다. 우리는 더 이상 생존을 위하여 무모한 게임을 하지 말아야 합니다. 우리는 사명을 위해 살며, 현재도 미래도 보장된 임마누엘로 살아가기 때문입니다.

어느 글에서 읽은 내용입니다. "지금 내 집에 전기가 들어온다면, 전기 없이 사는 20억의 사람들보다 감사해야 합니다. 내 집에 마실 식수가 들어온다면, 마실 물이 없이 사는 10억 명의 사람보다 감사해야 합니다. 하루에 10,000원 이상의 돈으로 살고 있다면, 10,000원이 없어 가난의 굴레에서 힘겹게 사는 12억의 사람보다 감사해야 합니다. 하루에 한 끼라도 따뜻한 음식을 먹을 수 있다면, 그 한 끼의 음식이 없어 영양실조에 걸린 8억의 사람보다 감사해야 합니다. 오늘 아침에 건강한 몸으로 일어났다면, 이번 주를 넘기지 못하고 죽어야 할 불치병에 걸린 100만 명의 사람보다 더 감사해야 합니다. 먹을 음식이 있고 입을 옷이 있고 잠을 잘 보금자리가 있다면, 인류의 3/4의 사람보다 행복한 사람임을 알아야 합니다. 내 통장에 잔액이 있고 집안에 동전을 모으는 저금통이 있다면, 이 지구상에 8%에 속하는 행복한 부자임을 알아야 합니다. 지금 이 글을 읽을 수 있다면, 20억의 인류보다 행복한 사람입니다."

그렇습니다. 우리가 행복할 이유는 이것보다 훨씬 많습니다. 우리가 행복할 수밖에 없는 한 가지 이유, 임마누엘이신 예수 때문입니다.

마태복음 1장 18-25절

　　예수 그리스도의 나심은 이러하니라 그의 어머니 마리아가 요셉과 약혼하고 동거하기 전에 성령으로 잉태된 것이 나타났더니 그의 남편 요셉은 의로운 사람이라 그를 드러내지 아니하고 가만히 끊고자 하여 이 일을 생각할 때에 주의 사자가 현몽하여 이르되 다윗의 자손 요셉아 네 아내 마리아 데려오기를 무서워하지 말라 그에게 잉태된 자는 성령으로 된 것이라 아들을 낳으리니 이름을 예수라 하라 이는 그가 자기 백성을 그들의 죄에서 구원할 자이심이라 하니라 이 모든 일이 된 것은 주께서 선지자로 하신 말씀을 이루려 하심이니 이르시되 보라 처녀가 잉태하여 아들을 낳을 것이요 그의 이름은 임마누엘이라 하리라 하셨으니 이를 번역한즉 하나님이 우리와 함께 계시다 함이라 요셉이 잠에서 깨어 일어나 주의 사자의 분부대로 행하여 그의 아내를 데려왔으나 아들을 낳기까지 동침하지 아니하더니 낳으매 이름을 예수라 하니라

오늘의 적용　　　임마누엘 체험을 공동체 구성원들과 나누기

나의 기도　　　주여! 임마누엘 주님과 언제나 함께하는 삶이 되게 하소서.

여호와의 열심이 이루십니다

▌ 본문: 이사야 9장 2-7절
▌ 찬송: 357장 주 믿는 사람 일어나

지금 우리는 영적인 위기의 때를 지나고 있습니다. 오늘의 현실과 상황은 모든 세대, 모든 계층을 막론하고 그 어느 때보다 하나님의 도우심과 성령님의 위로와 격려가 절실할 때입니다. 긴 시간 지속된 코로나 감염병 예방 조치에 따른 정부의 집합금지는 공교회로서의 예배와 교제, 봉사와 선교의 영역에서 엄청난 지각변동을 일으켰습니다. 침체를 극복하고 회복하기 위해 저마다 노력하며 몸부림치지만 각자 도생의 길은 그리 만만치 않은 것이 사실입니다.

그럼에도 불구하고 우리에게 소망이 있음은, 언약에 신실하신 하나님의 독생자 예수 그리스도가 흑암 가운데 있는 우리에게 큰 빛으로 다시금 임하여 오시기 때문입니다. 그는 어둠을 몰아내시며, 사망의 칼을 부수고, 압제자의 막대기를 꺾으시며, 세상의 권세를 티끌처럼 태우시는 분이시며, 그의 나라를 창성케 하는 분이십니다. 뿐만 아니라, 주님은 우리의 연약한 삶 가운데 성령으로 머물러 주시며 지금도 우리의 삶을 통치하시고 지도하여 주시기 때문입니다. "그의 이름은 기묘자라, 모사라, 전능하신 하나님이라, 영존하시는 아버지라, 평강의 왕이라" 주님은, 나를 옹호하고 변호해 주시는 분(advocator)이시며, 곁에서 나를 도와주시는 분(helper)이며, 참 위로자(Comforter)이며, 진정한 상담자(Counselor)가 되어 주십니다. "찬송하리로다 그는 우리 주 예수 그리스도의 하나님이시요 자비의 아버지시요 모든 위로의 하나님이시며 우리의 모든 환난 중에서 우리를 위로하사 우리로 하여금 하나님께 받는 위로로써 모든 환난 중에 있는 자들을 능히 위로하게 하시는 이시로다."(고후 1:3-4)

오늘의 찬송 가사 후렴입니다. "믿음이 이기네 믿음이 이기네 주 예수를 믿음이 온 세상 이기네" 우리를 격려하여 주시는 주님으로 말미암아 반드시 회복될 수 있습니다. 우리를 자상하게 지도해 주시는 성령님으로 말미암아, 우리는 넉넉히 이기는 자로 살아갈 수 있습니다. 우리를 흑암에서 이끌어내어 빛 가운데 거하게 하시는 하나님의 열심으로 말미암아 반드시 일어서게 될 것입니다.

이사야 9장 2-7절

흑암에 행하던 백성이 큰 빛을 보고 사망의 그늘진 땅에 거주하던 자에게 빛이 비치도다 주께서 이 나라를 창성하게 하시며 그 즐거움을 더하게 하셨으므로 추수하는 즐거움과 탈취물을 나눌 때의 즐거움 같이 그들이 주 앞에서 즐거워하오니 이는 그들이 무겁게 멘 멍에와 그들의 어깨의 채찍과 그 압제자의 막대기를 주께서 꺾으시되 미디안의 날과 같이 하셨음이니이다 어지러이 싸우는 군인들의 신과 피 묻은 겉옷이 불에 섶 같이 살라지리니 이는 한 아기가 우리에게 났고 한 아들을 우리에게 주신 바 되었는데 그의 어깨에는 정사를 메었고 그의 이름은 기묘자라, 모사라, 전능하신 하나님이라, 영존하시는 아버지라, 평강의 왕이라 할 것임이라 그 정사와 평강의 더함이 무궁하며 또 다윗의 왕좌와 그의 나라에 군림하여 그 나라를 굳게 세우고 지금 이후로 영원히 정의와 공의로 그것을 보존하실 것이라 만군의 여호와의 열심이 이를 이루시리라

오늘의 적용   코로나로 이후 회복되어야 것들이 무엇인지 점검해 보기

나의 기도   위로와 소망의 주여 주님으로 말미암아 세상을 넉넉히 이기게 하소서

새노래로 하나님께 예배하자

ㅣ 본문: 시편 96편
ㅣ 찬송: 380장 나의 생명되신 주

인질 사건의 중재자인 영국인 테리 웨이트는 인질들의 석방을 교섭하러 레바논에 갔다가 자신이 납치되어 독방에 갇히게 되었습니다. 그러나 그는 그런 상황속에서도 기도를 드렸습니다. "저에게 그렇게 풍성하게 내려주신 수많은 자비하심과 또 저를 창조하시고 지켜주시고 변화시켜 주심과 그리스도 예수 안에서 나타내 주신 모든 당신의 은혜와 위대한 자비에 대해서 나는 매일 매일 새날을 주신 하나님께 가장 겸손하고 뜨거운 감사를 드립니다."

시편기자는 새 노래로 여호와께 노래하며 하나님의 구원을 날마다 전파할 것을 명령하고 있습니다. 여기서 새 노래란 멜로디가 다른 노래를 부르라는 의미가 아니라 우리가 어떤 상황 속에서 하나님을 날마다 새롭게 의지해야 한다는 의미입니다. 특별히 시편기자는 무궁한 하늘조차도 하나님께서 만드셨다는 고백을 통해 하나님만이 온 우주를 창조하시고 통치하시는 참 신이심을 나타내고 있습니다. 더욱더 놀라운 사실은 그 하나님께서 우리를 날마다 구원하시며, 성소에 임재하신다는 사실입니다. 온 우주를 창조하시고 통치하시는 하나님이 사람의 손으로 만든 성소에 임재하신다는 것은 하나님의 위대하심을 스스로 제한하시는 것이 아니라 온 우주의 통치자이신 하나님 시선이 하나님을 예배하는 자를 향해 있다는 말입니다.

그렇기에 우리는 예배를 통해서만 하나님과 인격적이고 올바른 관계를 맺을 수 있습니다. 그래서 시편 기자는 7절에서 만국의 족속들을 향해 하나님을 예배할 것을 권면하고 있습니다. 우리의 삶이 때로는 고난일 수도 있고, 때로는 아픔일 수도 있습니다. 그러나 우리가 늘 돌아와야 하는 자리, 우리가 언제나 사모하며 머물러야 하는 자리는 예배의 자리입니다. 오늘도 전심으로 하나님을 찾는 자들을 멸시하지 않으시며 긍휼과 구원을 베푸시는이 은혜의 보좌로 담대히 나아가시길 바랍니다.

시편 96편

새 노래로 여호와께 노래하라 온 땅이여 여호와께 노래할지어다 여호와께 노래하여 그의 이름을 송축하며 그의 구원을 날마다 전파할지어다 그의 영광을 백성들 가운데에, 그의 기이한 행적을 만민 가운데에 선포할지어다 여호와는 위대하시니 지극히 찬양할 것이요 모든 신들보다 경외할 것임이여 만국의 모든 신들은 우상들이지만 여호와께서는 하늘을 지으셨음이로다 존귀와 위엄이 그의 앞에 있으며 능력과 아름다움이 그의 성소에 있도다 만국의 족속들아 영광과 권능을 여호와께 돌릴지어다 여호와께 돌릴지어다 여호와의 이름에 합당한 영광을 그에게 돌릴지어다 예물을 들고 그의 궁정에 들어갈지어다 아름답고 거룩한 것으로 여호와께 예배할지어다 온 땅이여 그 앞에서 떨지어다 모든 나라 가운데서 이르기를 여호와께서 다스리시니 세계가 굳게 서고 흔들리지 않으리라 그가 만민을 공평하게 심판하시리라 할지로다 하늘은 기뻐하고 땅은 즐거워하며 바다와 거기에 충만한 것이 외치고 밭과 그 가운데에 있는 모든 것은 즐거워할지로다 그 때 숲의 모든 나무들이 여호와 앞에서 즐거이 노래하리니 그가 임하시되 땅을 심판하러 임하실 것임이라 그가 의로 세계를 심판하시며 그의 진실하심으로 백성을 심판하시리로다

오늘의 적용   날마다 하나님 앞에 나아가 하나님을 예배하기

나의 기도   하나님과 인격적으로 교제하며 삶을 통해 하나님께 예배드리는 자 되게 하소서.

하나님을 신뢰하기

┃ 본문: 디도서 2장 11-14절
┃ 찬송: 336장 환난과 핍박 중에도

조그마한 제재소에서 일하던 존슨이라는 목공이 마흔 살에 정리해고를 당했습니다. 존슨은 하늘이 무너지는 듯한 충격을 받았습니다. 또한 그때는 최악의 불황기라 취직이 쉽지 않았습니다. 그러나 존슨은 절망적인 상황에서 용기를 내어 건축사업을 시작해 그의 재능이 활짝 꽃을 피웠습니다. 그가 바로 미국의 유명한 홀리데이 인 호텔을 건축한 윌리스 존슨입니다. 그는 이렇게 고백합니다. "나를 정리해고한 사람에게 감사한다. 그날의 고통이 축복의 관문이었다."

사도 바울은 죄수의 신분으로 예루살렘에 들어갔지만 이런 고난도 하나님께서 죄인들을 구원하시고자 베푸신 은혜였습니다. 하나님께서는 모든 사람이 구원받기를 원하셔서 죄수의 신분으로 바울을 로마로 보내시고 복음을 전하게 하셨습니다. 특별히 12절의 '양육하시되'로 번역된 '파이듀오'는 단순 지식을 가르치는 것이 아니라 사람 됨됨이를 가르치는 것을 의미합니다. 하나님께서는 성도들을 양육하면서 하나뿐인 독생자 예수님을 내어주심으로 죄의 노예였던 우리를 속량하시고 깨끗하게 하셨습니다. 하나님께서 예수님을 희생시키시면서까지 우리를 속량하고 깨끗하게 하신 이유가 무엇이겠습니까? 궁극적으로는 구원받은 백성이 되게 하기 위함이지만 이 세상에서 살아있을 동안에는 선한 일을 열심히 하는 자기 백성이 되게 하려 하심입니다. 우리가 이 땅에서 구원받은 하나님의 백성으로 살아간다는 것은 선한 일을 열심히 행하며 살아가는 것입니다. 그러나 선한 일은 저절로 되지 않으며, 하나님으로부터 양육을 받아야 합니다.

이 세상은 세속적인 가치관, 즉 경건하지 않은 것과 정욕을 추구합니다. 이를 막을 책임이 우리 교회와 그리스도인에게 있습니다. 오늘 하루도 고난 가운데도 보호하시는 하나님을 신뢰하며, 하나님의 말씀으로 양육받아 신중함과 의로움과 경건함으로 살아가시길 축복합니다.

디도서 2장 11-14절

모든 사람에게 구원을 주시는 하나님의 은혜가 나타나 우리를 양육하시되 경건하지 않은 것과 이 세상 정욕을 다 버리고 신중함과 의로움과 경건함으로 이 세상에 살고 복스러운 소망과 우리의 크신 하나님 구주 예수 그리스도의 영광이 나타나심을 기다리게 하셨으니 그가 우리를 대신하여 자신을 주심은 모든 불법에서 우리를 속량하시고 우리를 깨끗하게 하사 선한 일을 열심히 하는 자기 백성이 되게 하려 하심이라

오늘의 적용 세속적인 세상에서 하나님을 신뢰하며 믿음을 지키기

나의 기도 고난 가운데도 하나님의 은혜를 기억하며 믿음대로 살게 하여 주소서.

낮은 자의 하나님

▌본문: 누가복음 2장 1-14절
▌찬송: 212장 겸손히 주를 섬길 때

　슈바이처 박사는 죽어 가는 생명을 위하여 모든 것을 바치고도 부족하여 모금을 통해 병원 유지비를 충당하였습니다. 그가 고향에 돌아올 때, 역에 많은 친척과 동료들이 영접하러 나와 있었습니다. 환영객들은 1등, 2등 실에서 그가 나오기를 기다렸습니다. 그러나 그는 맨 뒷간 3등 열차에서 나오고 있었습니다. 사람들은 박사에게 왜 3등 실에 타고 오셨느냐고 물었습니다. 슈바이처는 "4등 실이 있어야지요."하고 더 낮은 자리가 없음을 아쉬워했다.

　당시 로마 제국은 힘에 의한 로마의 평화 시대를 이어가고 있었고, 황제는 아구스도라는 이름을 사용함으로써 신으로 숭배되기 시작하였습니다. 이런 상황에서 누가는 참 하나님이며, 하나님의 아들 그리스도께서 참 구주와 주로 오셔서 참된 평화를 만들어내신다고 선언합니다. 수리아 총독 구레뇨는 세금을 효과적으로 거두기 위해서, 수리아 주민들의 재산 조사를 위한 호적 등록을 시행하였는데 요셉과 마리아가 바로 이 호적을 하러 본적인 베들레헴으로 갔을때 예수님이 탄생하셨습니다. 그러나 아이를 낳을 여관에 방을 얻지 못했기 때문에 예수님은 구유에 누우셔야 했습니다. 당시의 가이사와 비교해보면 예수님은 너무나 초라하게 사람들의 주목을 끌지 못한 채, 구유에 누워계셨습니다. 이것은 왕으로 오신 예수님의 이 땅에서의 사역이 어떠할지에 대해서 암시합니다. 그때 천사가 베들레헴 지경의 목자들에게 왕의 탄생 소식을 알려주었고 당시 유대 사회의 천대받던 목자들에게 이 소식이 전해졌습니다. 복음이 목자들에게 처음으로 전해졌다는 것은, 마음이 가난하고 비천한 자들에게 주어지는 복음의 특성을 보여주는 것입니다.

　예수님의 성육신을 통한 탄생은 가장 존귀한 분이, 얼마나 낮아지셨는지를, 가장 높으신 분이 얼마나 겸손하게 이 세상에 오셨는지를 보여주시는 것입니다. 우리 역시 자기를 부인하며 낮아짐과 섬김의 모습을 통하여 주님의 모습을 닮아가는 하루가 되시기를 바랍니다.

누가복음 2장 1-14절

그 때에 가이사 아구스도가 영을 내려 천하로 다 호적하라 하였으니 이 호적은 구레뇨가 수리아 총독이 되었을 때에 처음 한 것이라 모든 사람이 호적하러 각각 고향으로 돌아가매 요셉도 다윗의 집 족속이므로 갈릴리 나사렛 동네에서 유대를 향하여 베들레헴이라 하는 다윗의 동네로 그 약혼한 마리아와 함께 호적하러 올라가니 마리아가 이미 잉태하였더라 거기 있을 그 때에 해산할 날이 차서 첫아들을 낳아 강보로 싸서 구유에 뉘었으니 이는 여관에 있을 곳이 없음이러라 그 지역에 목자들이 밤에 밖에서 자기 양 떼를 지키더니 주의 사자가 곁에 서고 주의 영광이 그들을 두루 비추매 크게 무서워하는지라 천사가 이르되 무서워하지 말라 보라 내가 온 백성에게 미칠 큰 기쁨의 좋은 소식을 너희에게 전하노라 오늘 다윗의 동네에 너희를 위하여 구주가 나셨으니 곧 그리스도 주시니라 너희가 가서 강보에 싸여 구유에 뉘어 있는 아기를 보리니 이것이 너희에게 표적이니라 하더니 홀연히 수많은 천군이 그 천사와 함께 하나님을 찬송하여 이르되 지극히 높은 곳에서는 하나님께 영광이요 땅에서는 하나님이 기뻐하신 사람들 중에 평화로다 하니라

오늘의 적용   예수님과 같이 겸손한 마음으로 나에게 주어진 사람들을 섬기기

나의 기도   주여 내가 주님을 닮아서 겸손한 자가 되게 하여 주소서.

4

대림절
넷째 주간

헵시바와 뿔라

▎본문: 이사야 62장 6~12절
▎찬송: 95장 나의 기쁨 나의 소망되시며

도널드 케이건이 쓴 『전쟁의 기원』에는 심리적 전쟁 동기론이 나옵니다. 그는 전쟁의 동기가 상대에 대한 두려움의 때문에 전쟁을 일으키기도 한다는 것입니다. 오히려 힘이 넉넉하면 오히려 전쟁은 일어나지 않을 가능성이 크기에 큰 힘이 평화의 기초가 된다는 것입니다.

사람이 사로잡히거나 길을 잃어버린 것보다 더욱 고통스러운 것은 도움을 줄 수 있는 큰 힘이 없다는 대서 야기되는 정신적인 고통입니다. 강대국에 조국을 짓밟히고 이방 나라로 끌려와 포로 생활을 하고 있던 이스라엘 사람들의 심정이 어떠했겠습니까? 그때 이사야를 통해 해방의 복음이 전해집니다. 전능하신 하나님의 의가 빛같이, 구원이 횃불같이 성취하기까지 예루살렘의 구원을 위해 잠잠하지 아니하며 쉬지도 아니하시겠다는 것입니다. 그러면서 이스라엘에게 새로운 신분을 주셨습니다. 버림받은 여인이었던 예루살렘에 헵시바라 하며 뿔라라고 하십니다. "헵시바"는 나의 기쁨이 그에게 있다라는 뜻입니다. 즉 우리를 통해 하나님이 기뻐하신다는 것입니다. 또한 "뿔라"는 버림받은 여인에게 사용되는 단어로 버림을 받았으나 다시 용서함을 받은 이스라엘의 신분을 의미합니다. 또한 하나님께서는 그런 우리를 보호하기 위해 파수꾼을 세워주셨는데, 그들은 밤낮으로 성실하게 파수꾼의 역할을 잘 감당하고 있다는 것입니다.

때로는 홀로 위험 가운데 처해 있다고 생각하고 너무나 두려울 때가 있습니다. 하지만 우리가 믿음의 눈을 열어 바라본다면, 지금도 우리를 보호해주시는 주시기 위해 파수꾼을 보내주신 전능하신 하나님을 만나게 될 것입니다. 우리를 당신의 헵시바와 뿔라로 삼아주시기 위해 십자가에서 고난받으신 주님을 기억하며 날마다 하나님의 기쁨이 되는 삶을 살아가시길 축복합니다.

이사야 62장 6-12절

예루살렘이여 내가 너의 성벽 위에 파수꾼을 세우고 그들로 하여금 주야로 계속 잠잠하지 않게 하였느니라 너희 여호와로 기억하시게 하는 자들아 너희는 쉬지 말며 또 여호와께서 예루살렘을 세워 세상에서 찬송을 받게 하시기까지 그로 쉬지 못하시게 하라 여호와께서 그 오른손, 그 능력의 팔로 맹세하시되 내가 다시는 네 곡식을 네 원수들에게 양식으로 주지 아니하겠고 네가 수고하여 얻은 포도주를 이방인이 마시지 못하게 할 것인즉 오직 추수한 자가 그것을 먹고 나 여호와를 찬송할 것이요 거둔 자가 그것을 나의 성소 뜰에서 마시리라 하셨느니라 성문으로 나아가라 나아가라 백성이 올 길을 닦으라 큰 길을 수축하고 수축하라 돌을 제하라 만민을 위하여 기치를 들라 여호와께서 땅 끝까지 선포하시되 너희는 딸 시온에게 이르라 보라 네 구원이 이르렀느니라 보라 상급이 그에게 있고 보응이 그 앞에 있느니라 하셨느니라 사람들이 너를 일컬어 거룩한 백성이라 여호와께서 구속하신 자라 하겠고 또 너를 일컬어 찾은 바 된 자요 버림 받지 아니한 성읍이라 하리라

오늘의 적용　　하나님의 사랑을 기억하며, 하나님의 기쁨이 되는 삶을 살아가기

나의 기도　　하나님의 자녀가 됨을 감사하며 나의 사람이 헵시바와 쁄라가 되게 하소서.

하나님 나라를 소망하자

| 본문: 시편 97편
| 찬송: 497장 주 예수 넓은 사람

평생을 경건한 삶으로 일관한 호나티우스 보나르는 아침에 해가 뜨면 창문을 열고 커텐을 젖히며 '주여! 이 아침에 오시겠습니까?'라고 말하고, 또 밤이면 창문을 닫으며 '주여! 이 밤에 오시겠습니까?'라고 말하면서 항상 주님을 맞을 준비를 하며 살았다고 합니다.

시편 97편은 하나님 나라의 도래를 소망하고 기뻐하는 시입니다. 먼저 시편 기자는 하나님의 통치가 임하는 것을 온 세상이 함께 기뻐해야 한다고 소리를 높입니다. 하나님의 임하심은 마치 시내산에서와 같이 흑암과 구름에 가려져 있습니다. 이는 하나님께서 가리시지 않으시면 그 영광을 보고 생존할 존재가 없기 때문입니다. 그러나 하나님의 번개가 세계를 비출 때 온 땅이 떨게 될 것이고, 거대한 산들조차 하나님의 통치 앞에서 밀랍처럼 녹고 지구상의 모든 백성은 하나님의 의를 다 보게 될 것입니다. 또한 하나님의 통치는 이방인에게도 영향을 미치게 되는데 하나님 외에 다른 신을 둔 모든 자들은 다 그날에 수치를 당하겠지만 시온과 유다의 딸들로 대표되는 하나님의 백성은 듣고 기뻐하고 즐거워하게 될 것입니다. 이런 하나님의 통치를 근거로, 시편기자는 모든 성도에게 여호와를 사랑하라고 권면합니다. 하나님께서는 자신을 사랑하는 성도의 인생 여정에 빛을 주시고 기쁨의 씨를 뿌려주십니다. 물론 이 씨는 우리가 인생 중에서 그 빛과 기쁨의 열매를 맛보기도 하지만, 이 씨가 결실하는 것은 마지막 심판 날이 될 것입니다.

우리 인생 중에 하나님이 빛과 기쁨의 씨를 뿌려주신다는 사실을 기억하십시오. 그 씨가 뿌려지는 밭은 의로운 자와 정직한 자입니다. 주 예수 그리스도를 떠나 우리가 이룰 수 있는 정의나 정직은 결코 없습니다.

시편 97편

여호와께서 다스리시나니 땅은 즐거워하며 허다한 섬은 기뻐할지어다 구름과 흑암이 그를 둘렀고 의와 공평이 그의 보좌의 기초로다 불이 그의 앞에서 나와 사방의 대적들을 불사르시는도다 그의 번개가 세계를 비추니 땅이 보고 떨었도다 산들이 여호와의 앞 곧 온 땅의 주 앞에서 밀랍 같이 녹았도다 하늘이 그의 의를 선포하니 모든 백성이 그의 영광을 보았도다 조각한 신상을 섬기며 허무한 것으로 자랑하는 자는 다 수치를 당할 것이라 너희 신들아 여호와께 경배할지어다 여호와여 시온이 주의 심판을 듣고 기뻐하며 유다의 딸들이 즐거워하였나이다 여호와여 주는 온 땅 위에 지존하시고 모든 신들보다 위에 계시니이다 여호와를 사랑하는 너희여 악을 미워하라 그가 그의 성도의 영혼을 보전하사 악인의 손에서 건지시느니라 의인을 위하여 빛을 뿌리고 마음이 정직한 자를 위하여 기쁨을 뿌리시는도다 의인이여 너희는 여호와로 말미암아 기뻐하며 그의 거룩한 이름에 감사할지어다

오늘의 적용   하나님이 기쁨의 씨가 뿌리내리도록 의롭고 정직한 삶을 살기

나의 기도   하나님의 천국을 소망하며 더욱 하나님만 사랑하며 믿음으로 살게 하여 주소서.

관용하며 온유하므로

┃ 본문: 디도서 3장 4-7절
┃ 찬송: 421장 내가 예수 믿고서

디도는 지금의 그리스에 있는 그레데 섬의 목회자였습니다. 그레데에 교회가 처음 생기게 된 것은 오순절에 말씀을 들었던 사람들이 하나님을 믿고, 예수님을 구주로 받아들이고 고향으로 돌아온 이후에 바울이 디도와 함께 그곳에서 사역함으로써 생겨났습니다.

디도서는 그리스도인이 어떤 삶의 태도를 가져야 하는지에 대해서 교훈하고 있는 서신입니다. 그중에서 오늘 본문은 그리스도인이 지녀야 할 사회생활 지침과 그렇게 살도록 만들어주는 방법에 대해서 가르칩니다. 특별히 우리가 순종해야 하는 권위에 대해서 말씀하고 있는데 이 말씀은 바른 그리스도인의 삶이 신앙 뿐 아니라 일상적인 일에 성실해야 함을 보여줍니다. 하나님께서 구원의 역사를 이루셨습니다. 우리가 구원받은 것은 하나님이 내 스스로의 노력이 아니라 하나님이 우리에게 자비를 베푸시고 사랑하셨기 때문입니다. 그러나 우리가 구원받았다고 해서 자동적으로 그리스도의 행실이 몸에 배는 것이 아닙니다. 시간과 훈련이 필요합니다. 이때 중요한 것은 중생의 씻음과 성령의 새롭게 하심입니다. 이것을 교회적인 언어로 성화라고 합니다. 물론 우리가 우리의 구원을 점점 완성해 가는 성화의 삶을 살 수 있는 것은 우리의 능력이 아닙니다. 6절에 의하면 주님께서 성령님을 우리에게 풍성히 부어 주실 때 가능합니다. 성령을 부어 주시면 죄를 쉽게 이길 수 있습니다. 그래서 요한 웨슬리는 우리는 성결로 향하는 죄인이라고 불렀습니다.

우리는 그리스도인답게 비방하거나 다투지 않고 관용하며 온유함으로 하나님 나라를 향하여 가는 사람들이 되어야 합니다. 그러기 위해 더욱 성령을 사모하며 성령충만을 받아 그리스도의 자녀다운 사람을 살아가는 우리 모두가 되길 축복합니다.

디도서 3장 4-7절

우리 구주 하나님의 자비와 사람 사랑하심이 나타날 때에 우리를 구원하시되 우리가 행한 바 의로운 행위로 말미암지 아니하고 오직 그의 긍휼하심을 따라 중생의 씻음과 성령의 새롭게 하심으로 하셨나니 우리 구주 예수 그리스도로 말미암아 우리에게 그 성령을 풍성히 부어 주사 우리로 그의 은혜를 힘입어 의롭다 하심을 얻어 영생의 소망을 따라 상속자가 되게 하려 하심이라

오늘의 적용   이 땅의 통치자와 권세자들에게 순종하며 믿음 드러내기

나의 기도   성령을 부어 주셔서 이 땅 가운데 그리스도인으로 본이 되는 삶을 살게 하소서!

구유에 나신 예수님

┃ 본문: 누가복음 2장 8-20절
┃ 찬송: 109장 고요한 밤 거룩한 밤

고대 로마가 세계를 제패하고 있을 때 누군가가 광대한 로마 제국의 황제인 가이사보다 더 위대한 인물이 있는지를 물어보았다면, 그 대답은 분명히 '아니오'였을 것입니다. 그러나 사람도 아닌 천사들로 하여금 찬양을 시작하게 만든 이는 바로 로마의 식민지인 유다의 시골 동네에서 태어난 한 작은 아이였습니다. 그리고 이 땅에 온 우주 만물의 왕으로 오신 예수의 탄생은 평범하고 일상적인 모습이었습니다.

특별히 목자들에게 예수의 탄생에 관해 알려주는 장면은 매우 중요합니다. 목자들은 "지극히 높은 곳에서는 하나님께 영광이요 땅에서는 하나님이 기뻐하신 사람들 중에 평화로다"라는 천군 천사의 찬송을 들었습니다. 천사들이 목자들에게 전한 소식은 온 백성에게 미칠 큰 기쁨의 좋은 소식, 복음이었습니다. 예수님의 탄생이 우리에게 기쁜 소식이 되는 이유는 예수님이 구주로 탄생했기 때문입니다. 지금은 비록 갓난아기의 모습으로 초라한 구유에 누워 계시지만, 그분이 바로 우리를 죄와 죽음에서 건져 주실 유일하고도 완전하신 구세주이시기 때문입니다. 특별히 그 탄생의 기쁜 소식, 복음은 당대의 고관대작들에게 전해지기 전에 천대받는 목자들에게 전해졌습니다. 그리고 예루살렘의 그 많은 유대인들이 아니라, 오직 두 사람, 하나님의 구원을 바라고 기다리던 시므온과 안나에게 알려졌습니다. 이 사실이 중요합니다. 복음은 이런 하나님의 구원을 바라고 기다리는 사람들의 것입니다.

예수님의 탄생을 통해 가장 존귀한 분이 얼마나 낮아지셨는지를 기억하며 우리 역시 낮아짐과 섬김의 모습으로 주님을 원하고 바라고 기다리는 복된 대림절을 보내시기를 바랍니다.

누가복음 2장 8-20절

　그 지역에 목자들이 밤에 밖에서 자기 양 떼를 지키더니 주의 사자가 곁에 서고 주의 영광이 그들을 두루 비추매 크게 무서워하는지라 천사가 이르되 무서워하지 말라 보라 내가 온 백성에게 미칠 큰 기쁨의 좋은 소식을 너희에게 전하노라 오늘 다윗의 동네에 너희를 위하여 구주가 나셨으니 곧 그리스도 주시니라 너희가 가서 강보에 싸여 구유에 뉘어 있는 아기를 보리니 이것이 너희에게 표적이니라 하더니 홀연히 수많은 천군이 그 천사와 함께 하나님을 찬송하여 이르되 지극히 높은 곳에서는 하나님께 영광이요 땅에서는 하나님이 기뻐하신 사람들 중에 평화로다 하니라 천사들이 떠나 하늘로 올라가니 목자가 서로 말하되 이제 베들레헴으로 가서 주께서 우리에게 알리신 바 이 이루어진 일을 보자 하고 빨리 가서 마리아와 요셉과 구유에 누인 아기를 찾아서 보고 천사가 자기들에게 이 아기에 대하여 말한 것을 전하니 듣는 자가 다 목자들이 그들에게 말한 것들을 놀랍게 여기되 마리아는 이 모든 말을 마음에 새기어 생각하니라 목자들은 자기들에게 이르던 바와 같이 듣고 본 그 모든 것으로 인하여 하나님께 영광을 돌리고 찬송하며 돌아가니라

오늘의 적용　　예수님처럼 자신을 부인하며 겸손하게 섬기는 삶을 살기

나의 기도　　주님, 주님을 닮아 겸손히 주와 이웃을 섬기는 자가 되게 하소서.

기쁜 소식

| 본문: 이사야 52장 7-10절
| 찬송: 505장 온 세상 위하여

원전 B.C. 490년 페르시아 다리우스 대제와 싸운 마라톤 전쟁에서 아테네는 지략이 뛰어난 용장 '밀티아데스'장군 지휘 하에 불과 1만 명의 기갑병으로 페르시아 원정군을 물리쳤고 이 전쟁의 승리 소식을 알리기 위해 '필리피데스'가 마라톤 평원에서 약 42Km의 거리를 단숨에 달려 승전소식을 전하고 숨을 거두었는데 이것이 마라톤 기원이 되었습니다.

오늘 이사야 본문을 히브리어 성경으로 보면 산을 넘는 자의 발을 강조하는데 그 발을 아름답다고 선언합니다. 좋은 소식을 전하는 발은 전쟁의 소식을 전하는 전령과 관련이 있었습니다. 본문에서 좋은 소식은 이스라엘이 바빌론에서 예루살렘으로 돌아간다는 소식입니다. 하지만 궁극적으로 좋은 소식은 예수 그리스도의 탄생 소식입니다. 예수님께서 탄생하실 때 천사들이 목자들에게 이렇게 말했습니다. "무서워하지 말라 보라 내가 온 백성에게 미칠 큰 기쁨의 좋은 소식을 너희에게 전하노라(눅 2:10)" 인류에게 주신 최고, 최대의 소식은 예수 그리스도의 탄생 소식입니다. 고대에는 말을 타거나 걷고 뛰어서 소식을 전했습니다. 파수꾼은 멀리서 전령이 달려오는 모습이 보이면 먼저 그 소식을 왕궁에 알려야 했습니다. 그런데 지금 파수꾼들이 보는 것은 전령이 다가오는 것이 아니라 하나님께서 시온을 통치하기 위해서 오시는 모습을 보고 있는 것입니다. 이는 다른 소식과는 비교될 수 없는 좋은 소식이기 때문에 파수꾼이 있는 힘을 다해서 기뻐 외칠 것입니다. 특별히 이사야는 약 160년 후, 백성들이 바빌론에서 돌아오게 되는 일을 전하면서 "네 하나님이 통치하신다"는 소식을 전하는 발의 모습을 보여줍니다.

어디에 있든, 또 어떤 상황에 있든 하나님은 우리를 통치하십니다. 하나님의 통치를 온전히 인정하는 사람만이 하나님을 경외하는 삶을 살 수 있습니다. 바라기는 우리를 죄의 바빌론에서 건져 올려주시기 위해서 이 땅에 오신 예수님을 기억하며 다시 오실 주님을 기다리는 한날이 되시기를 바랍니다.

이사야 52장 7-10절

좋은 소식을 전하며 평화를 공포하며 복된 좋은 소식을 가져오며 구원을 공포하며 시온을 향하여 이르기를 네 하나님이 통치하신다 하는 자의 산을 넘는 발이 어찌 그리 아름다운가 네 파수꾼들의 소리로다 그들이 소리를 높여 일제히 노래하니 이는 여호와께서 시온으로 돌아오실 때에 그들의 눈이 마주 보리로다 너 예루살렘의 황폐한 곳들아 기쁜 소리를 내어 함께 노래할지어다 이는 여호와께서 그의 백성을 위로하셨고 예루살렘을 구속하셨음이라 여호와께서 열방의 목전에서 그의 거룩한 팔을 나타내셨으므로 땅 끝까지도 모두 우리 하나님의 구원을 보았도다

오늘의 적용   좋은 소식을 전하는 복음 전도자의 삶을 살기

나의 기도   예수님이 오신 성탄절을 기다리며, 그 기쁜 소식을 전하는 발이 되게 하소서.

하나님께 찬양

| 본문: 시편 98편
| 찬송: 79장 주 하나님 지으신 모든 세계

　아이작 와츠 목사라는 분이 있습니다. 그가 45세가 되던 해에 한 외곽에 있는 나무 아래에서 시편 98편을 바탕으로 시를 썼습니다. 그리고 시간이 흘러 1742년에는 헨델이 금식을 하다 메시아를 작곡했습니다. 그리고 한 세기가 흐른 1839년이 되자 로웰 메이슨이 와츠의 시에 헨델의 메시아를 합쳐서 한 찬양이 탄생했습니다. 이 곡이 바로 '기쁘다 구주 오셨네'입니다. 이 작품이 완성되기까지 무려 120년이 걸렸습니다.

　오늘 본문은 과거 하나님의 백성에게 행하신 구원 사역과 장래에도 세상을 다스리시는 하나님을 찬양하는 내용을 담고 있습니다. "새 노래로 여호와께 찬송하라"는 시편에 반복해서 나오는 말씀인데, 그 의미가 노래를 부르는 사람과 연결이 됩니다. 요한계시록에 보면, 어린양의 피로 구속함을 받은 사람들이 노래를 부르는데, 그 노래가 새 노래라고 합니다. 그래서 새 노래는 구원받은 받은 백성이 구원의 감격과 새로워진 마음으로 부르는 찬양이라고 할 수 있습니다. 그렇다면 구원받은 백성들이 왜 하나님을 찬송해야 할까요? 그 이유는 하나님께서 기이한 일을 행하셨기 때문이고, 하나님의 오른손과 거룩한 팔로 구원을 베푸셨기 때문이라고 밝히고 있습니다. '기이한 일'은 '인간의 능력 밖에 있는 일로 구약에서는 출애굽의 사건을 의미합니다. 또한 시편 기자는 그 하나님께서 이스라엘의 집, 하나님의 백성들에게 '인자와 성실'을 베푸셨다고 합니다. 또한 사람들뿐만 아니라 모든 자연만물도 하나님을 찬양해야 한다고 합니다. 이것은 하나님의 구원을 알고 새로운 삶을 사는 사람들에게는 온 세상이 하나님을 찬양해야 할 대상이라는 것을 말씀합니다.

　우리가 하나님 앞에 서야 할 날이 있다는 것을 의식한다면 바르게 살지 않을 수 없습니다. 세상은 언제나 불공평한 곳이지만 하나님의 다스림과 판단은 언제나 공평하십니다. 우리가 하나님의 구원받은 자로써 하나님 앞에 설 날을 의식하며 온 삶으로 하나님의 말씀에 순종할 때 우리는 매일매일 하나님을 새 노래로 찬양할 수 있게 될 것입니다.

새 노래로 여호와께 찬송하라 그는 기이한 일을 행하사 그의 오른손과 거룩한 팔로 자기를 위하여 구원을 베푸셨음이로다 여호와께서 그의 구원을 알게 하시며 그의 공의를 뭇 나라의 목전에서 명백히 나타내셨도다 그가 이스라엘의 집에 베푸신 인자와 성실을 기억하셨으므로 땅 끝까지 이르는 모든 것이 우리 하나님의 구원을 보았도다 온 땅이여 여호와께 즐거이 소리칠지어다 소리 내어 즐겁게 노래하며 찬송할지어다 수금으로 여호와를 노래하라 수금과 음성으로 노래할지어다 나팔과 호각 소리로 왕이신 여호와 앞에 즐겁게 소리칠지어다 바다와 거기 충만한 것과 세계와 그 중에 거주하는 자는 다 외칠지어다 여호와 앞에서 큰 물은 박수할지어다 산악이 함께 즐겁게 노래할지어다 그가 땅을 심판하러 임하실 것임이로다 그가 의로 세계를 판단하시며 공평으로 그의 백성을 심판하시리로다

오늘의 적용 　　매일매일 하나님을 찬양하는 삶을 살기

나의 기도 　　우리를 구원하신 하나님을 찬양하는 복된 인생이 되게 하소서.

그리스도이신 주님을 바라보자

▎본문: 히브리서 1장 5-12절
▎찬송: 488장 이 몸의 소망 무언가

히브리서는 신앙을 포기할 수밖에 없을 정도로 위험한 상황에 처한 1세기의 히브리 그리스도인 공동체를 위해 쓰여진 서신입니다. 이 히브리서가 가장 먼저 그들에게 권면하는 내용이 있는데 그것은 그리스도처럼 인내하라는 것입니다. 그렇기에 그들은 그리스도를 바라보고 그분이 누구인지 알아야 했습니다.

그렇다면 그리스도는 누구입니까? 오늘 본문은 예수 그리스도를 내 아들이라 오늘 내가 너를 낳았다고 선언합니다. 이 말씀은 예수님께서 세례를 받으실 때(막 1:11)와 변화산에서 변화되셨을 때(막 9:7)에도 인용된 구절입니다. 또한 히브리서는 모든 피조물보다 우월하신 그리스도가 천사의 경배를 받기에 합당하신 변하지 않는 분이심 또한 드러내고 있습니다. 그리스도께서 변하지 않으신다는 것은, 우리를 향하신 선하신 뜻이 변하지 않는다는 말입니다. 히브리서 기자는 박해와 거짓 교훈 속에서 흔들리는 성도들을 그저 동정하고 위로하기 위해서 이를 쓴 것이 아닙니다. 히브리서 기자는 모든 성도들의 눈을 그리스도께 주목하게 하고 그리스도를 묵상하게 함으로 하늘의 위로를 경험케 하고자 이 서신을 썼습니다. 이것만이 우리를 영원히 지켜주는 힘이 되기 때문입니다.

오늘 히브리서 말씀은 이 땅에 매여 사는 성도들에게 구원하신 그리스도를 바라보도록 초청하고 있습니다. 대림절, 예수 그리스도를 기다리며 더욱 예수님에 대해 깨닫고 힘들고 어려운 상황과 환경에 가운데도 매일매일 놀라운 그리스도의 위로를 체험하는 복된 삶이 되시기를 바랍니다.

히브리서 1장 5-12절

하나님께서 어느 때에 천사 중 누구에게 너는 내 아들이라 오늘 내가 너를 낳았다 하셨으며 또 다시 나는 그에게 아버지가 되고 그는 내게 아들이 되리라 하셨느냐 또 그가 맏아들을 이끌어 세상에 다시 들어오게 하실 때에 하나님의 모든 천사들은 그에게 경배할지어다 말씀하시며 또 천사들에 관하여는 그는 그의 천사들을 바람으로, 그의 사역자들을 불꽃으로 삼으시느니라 하셨으되 아들에 관하여는 하나님이여 주의 보좌는 영영하며 주의 나라의 규는 공평한 규이니이다주께서 의를 사랑하시고 불법을 미워하셨으니 그러므로 하나님 곧 주의 하나님이 즐거움의 기름을 주께 부어 주를 동류들보다 뛰어나게 하셨도다 하였고 또 주여 태초에 주께서 땅의 기초를 두셨으며 하늘도 주의 손으로 지으신 바라 그것들은 멸망할 것이나 오직 주는 영존할 것이요 그것들은 다 옷과 같이 낡아지리니 의복처럼 갈아입을 것이요 그것들은 옷과 같이 변할 것이나 주는 여전하여 연대가 다함이 없으리라 하였으나

오늘의 적용   주님께서 인내하신 것처럼 나의 삶에서 인내하며 살아가기

나의 기도   주님! 변하지 않는 주님을 신뢰하면서 그리스도이신 주님을 바라보게 하소서.

2022 한국성결교회 대림절 묵상

새로운 시작, 예수 그리스도의 오심

지은이 _ 신현파 김주헌 윤문기 서계원 곽일귀 윤학희(집필순)
감수위원 _ 김상식
발행일 _ 1판 1쇄 2022년 11월 4일
발행처 _ 한국성결교회연합회
발행인 _ 문창국
편집인 _ 송우진
책임편집 _ 전영욱
기획/편집 _ 강영아 장주한 조형희
디자인/일러스트 _ 권미경 하수진
홍보/마케팅 _ 안용환
행정지원 _ 조미정

펴낸곳 _ 도서출판 사랑마루
서울시 강남구 테헤란로64길 17(대치동)

대표전화 TEL (02) 3459-1051~2/ FAX (02) 3459-1070
홈페이지 http://www.eholynet.org
등록 2011년 1월 17일 등록번호/ 제2011-000013호
ISBN 979-11-90459-20-4 03230
가격 4,000원